D1917230

Das Schloss am Moor

DAS SCHLOSS
JO PESTUM
AM MOOR

THIENEMANN

Pes 20 Sc 3 (1)

Die Handlung, die Personen und die Orte dieser Geschichte sind frei erfunden. Es hat in meinem Leben aber Erlebnisse und Begegnungen gegeben, durch die ich angeregt wurde, dieses Buch zu schreiben. J. P.

DER TRAUM DER ALTEN DAME

»Ein Dackel«, sagte Daniel, »ein Dackel wär am besten. Dackel haben so ein schönes Grinsen im Gesicht. Lustig, aber auch irgendwie hinterhältig. Kennt ihr jemanden, der uns einen Dackel leiht?«

Bettina sah das nicht so eng. »Irgendein Winzlinghund. Pinscher oder Zwergpudel oder Chihuahua oder so. Es muss nicht unbedingt ein Dackel sein. Es kommt doch nur auf die Perspektive an. Carsten, sag doch auch mal was!«

Sie hockten auf der Schulhofmauer. Sonnenstrahlen blitzten durch die Kronen der Linden. Es war jetzt still, kein Gekreische mehr. Nach der letzten Stunde vor den Sommerferien waren alle hektisch davongehastet, als würden sie sonst Flugzeuge und Autos und Züge verpassen.

Daniel wusste, dass Carsten, Bettina und die anderen von der Film-AG das Projekt nicht so ernst nahmen wie er. Die Begeisterung, von der alle wie elektrisiert waren, als sie für ihren 15-Minuten-Streifen *Taubenvatter Jupp* beim Schülerfilm-Festival in Berlin mit dem zweiten Preis ausgezeichnet worden waren, hatte sich bald gelegt. Jetzt herrschte wieder der Alltagsstress: Leistungsdruck, Angst vor der Ehrenrunde, Gefeilsche um Punkte und Zeugnisnoten. Aber für Daniel war das Projekt wichtig, er hatte feste Zukunftspläne. Nach dem Abitur würde er bei einer Produktionsfirma volontieren, bei der Bavaria in München oder bei Trebitsch in Hamburg oder vielleicht bei einer ARD-Sendeanstalt. Und danach zur Internationalen Filmschule in Köln! Mit Leidenschaft würde er sich dem Studium widmen: Filmregie, das war das Ziel. Und jetzt wusste er, dass nur ein Dackel infrage kam. *Der Dackel vom Dom* – ein verdammt guter Titel. Daniel hoffte auf eine Chance bei den Oberhausener Kurzfilmtagen.

Carsten machte Blasen mit seinem Kaugummi. »Dackel, ganz klar. Die Trippelschritte müssen wir nachempfinden. Wir führen die Kamera wie eine Marionette an Schnüren dicht am Boden und zeigen die ganze Szenerie aus der Dackelperspektive. Der Dackel wackelt vor dem Kölner Dom rum und guckt sich die verrückten Leute an. Japaner, die im Pulk wie auf Kommando zu den Türmen hochstarren und dann mit ihren kleinen Kameras rhythmisch klick-klick machen …«

Daniel fuchtelte mit den Armen herum, als gäbe er bereits Regieanweisungen. »Und Müttervereine, alle Frauen mit Handtäschchen und komischen Hüten. Schulklassen, Kegelclubs, Busladungen mit Senioren – alles im

Rudel sozusagen. Das müssen wir rausarbeiten, dass die Leute alle wie ferngelenkt einheitlich als Masse reagieren. Da bringen wir dann mit harten Bildschnitten einen Rhythmus rein. Dazu schwebt mir so 'ne Art Marschmusik vor. Und der Dackel schaut sich das alles an und gibt bissige Kommentare ab. Beine im Gleichschritt, wenn die Leutchen in den Dom eindringen. Wir müssen einen witzigen Text schreiben für die Dackelmonologe, echt satirisch.«

»Wollen wir auch Innenaufnahmen machen im Dom?«, fragte Bettina. »So als Gegenschuss vielleicht, wenn wieder eine Gruppe reingeströmt kommt.«

»Spinnst du?« Carsten tippte sich an die Stirn. »Mit 'nem Köter im Dom! Da laufen doch so Sheriffs rum, die schmeißen uns sofort raus.«

»Den Hund brauchen wir dabei doch gar nicht«, beharrte Bettina. »Die Kamera ist der Hund. Wir holen uns beim Dompropst 'ne Drehgenehmigung.«

»Kannst du dir abschminken«, sagte Daniel, »die kriegen wir nie im Leben. Wir drehen nur draußen und am Schluss lassen wir den Dackel an die Domtür pinkeln.«

»Ferkel!« Bettina sprang von der Mauer. »Lasst uns nach den Ferien weiterquatschen. Ich will nach Hause. Hätte ich blöde Kuh mich doch bloß nicht für den Englisch-Crashkurs angemeldet! Montag geht mein Flieger nach Manchester. Was habt ihr so vor?«

Carsten stöhnte. »Ich muss erst mal zwei Wochen auf dem Großmarkt jobben. Arbeitsbeginn fünf Uhr. Mitten in der Nacht! Aber ich brauche unbedingt noch ein bisschen Knete. Dann fahr ich zu ’nem internationalen Pfadfinderlager nach Südtirol. Bergsteigen wollte ich schon immer mal lernen. Und du, Daniel?«

»Bodensee. Mit meiner Oma. Sie hat da so ein Ferienhäuschen gemietet. Jetzt macht bloß keine blöden Bemerkungen!«

Carsten wieherte trotzdem los wie ein Pferd. »Ferien mit der Oma! Nimmst du auch deinen Teddybär mit? – Mann, Daniel, du bist ’ne arme Sau!«

»Hör auf zu labern!«, knurrte Daniel. »Mecky ist okay. Sie hat mir die Filmausrüstung bezahlt und den Führerschein, ich kann jederzeit ihr Auto benutzen und wenn ich irgendwie Geld brauche und so … Jedenfalls hat sie mich gefragt, ob ich mit ihr fahren will, weil sie nicht gern allein ist. Ist doch nur fair …« In diesem Augenblick piepte Daniels Handy. Daniel meldete sich.

Es war eine Frauenstimme. »Sind Sie der Enkel von Frau Mechthild Selbherr?«

Da war etwas passiert. Daniel begriff es sofort. »Ja, bin ich. W-w-was ist los? W-w-wer sind Sie?«

»Frau Selbherr hatte einen Unfall. Sie ist mit dem Fahrrad gestürzt. Können Sie sofort zum Städtischen Krankenhaus kommen? Unfallchirurgie. Der Pförtner zeigt Ihnen den Weg.«

»Ist es schlimm?«

»Nichts Lebensgefährliches. Ihre Großmutter ist wieder bei Bewusstsein. Sie möchte, dass Sie zu ihr kommen, sie braucht ein paar Sachen.«

»Können Sie mir denn sagen …«

»Nein, kann ich nicht.« Die Stimme klang schroff. »Der Stationsarzt wird Sie informieren.«

»Ich komme.« Daniel schüttelte sich. Er begriff die Nachricht erst jetzt. Sekundenlang starrte er das Handy an.

Bettina fasste seinen Arm. »Was ist passiert?«

»Oma Mecky. Gerade habe ich von ihr geredet und jetzt liegt sie im Krankenhaus. O Scheiße!« Daniel klemmte sich die Schultasche unter den Arm und rannte los zur Bushaltestelle.

»Dann brauchst du ja wenigstens nicht mit ihr an den Bodensee zu fahren!«, rief Carsten ihm nach.

»Carsten, du bist das größte Arschloch unter der Sonne!«, fauchte Bettina. »Noch geschmackloser geht's ja wohl nicht.«

Sie sieht aus wie ein Vogel. Das war der erste Gedanke, als Daniel scheu das Zimmer betrat. Ohne die Brille wirkte das Gesicht der alten Frau seltsam klein, die Nase stach hervor wie ein Schnabel. Mit etwas Kittelartigem war der Oberkörper bedeckt, der linke Arm, weiß, dünn, voll Blutspuren, war rechtwinklig auf einem Gestell fixiert, das aussah wie ein Bügelbrett. Zierlich wie ein Mädchen lag Oma Mecky auf dem weißen Bett.

»Hallo, Mecky!«, sagte Daniel leise. Seine Stimme kam ihm fremd vor. »Was für Sachen du machst!« Etwas Besseres fiel ihm in diesem Moment nicht ein.

»Du bist es, Daniel! Komm näher, mein Junge.« Die alte Dame lächelte dünn. »Ohne Brille hab ich dich zuerst gar nicht erkannt. Ja, ja, je oller, je doller. Ich bin eine dumme Gans. Ich hab auf dem Schotterweg am Bredeneyer Wald nicht aufgepasst. Zu scharf in die Kurve gelegt. Das Vorderrad ist weggerutscht. Peng – dann wurde es schwarz. Totaler Filmriss. Ich bin erst hier im Krankenhaus wieder aufgewacht. Zuerst wusste ich gar nicht, wo ich war. Aber dann hab ich wieder halbwegs richtig getickt, sogar deine Handynummer ist mir eingefallen.« Oma Mecky hatte Mühe, die Augen offen zu halten.

Daniel wollte sagen: Warum musst du in deinem Alter auch wie ein Tour-de-France-Fahrer auf einem Rennrad durch die Landschaft düsen! Er sagte aber nur: »Kann ja jedem mal passieren, so 'n Sturz. Hast du starke Schmerzen?«

»Geht so. Wenn ich den Kopf zur Seite drehe, sehe ich Sterne. Das sticht dann so im Gehirn.« Frau Selbherr hatte Schwierigkeiten mit dem Schlucken. »Ich glaube, ich habe geträumt, als ich ohnmächtig war. Von der Kindheit. Auf einmal war ich wieder das kleine Mädchen zu Hause in unserem Schloss.«

Sie fantasiert, dachte Daniel besorgt. Zu Hause in unserem Schloss! Hatte da eine Kinderbuchgeschichte in ihrem Kopf gespukt? »Mecky, du bist hier in Essen geboren. Du hattest doch keine Kindheit in einem Schloss!«

»Es war ja auch nur ein Traum.«

Sie zählte Sachen auf, die Daniel ihr ins Krankenhaus bringen sollte: Schlafanzug, Unterwäsche, Bademantel, Ersatzbrille, Hausschuhe … »Und pack den ganzen

Kram von der Ablage unter dem Badezimmerspiegel in eine Plastiktüte.« Oma Mecky deutete mit dem rechten Arm matt zu dem Tischchen an der Wand. »Der altmodische Schlüssel gehört zum Klappfach vom Wohnzimmersekretär. Da liegt eine lederne Brieftasche mit Ausweis und Chipkarte von der Krankenversicherung und solchem Zeugs drin. Die musst du mir auch bringen. Aber nimm den Fahrzeugschein vorher raus, den brauchst du ja wohl.«

Daniel nahm den Schlüsselbund vom Tischchen und steckte ihn in die Hosentasche. »Ist okay, Mecky, ich kümmere mich. Wo ist denn jetzt dein Fahrrad?«

»Keine Ahnung. Aber im Augenblick brauche ich's ja nicht so dringend. Los, mach dich auf die Beine, Daniel!«

Ihren Witz hatte sie also nicht verloren. Aber Daniel schämte sich für seine blöde Frage. Als ob das Fahrrad jetzt wichtig wäre! Wichtig waren doch andere Fragen: Wird sie wieder richtig gesund? Wie schlimm ist die Armverletzung? Was bedeuten die Schmerzen in ihrem Kopf?

Die dralle Krankenschwester mit der weißen Strähne im Haar, die Daniel zu seiner Großmutter geführt hatte, steckte den Kopf durch den Türspalt. »Frau Selbherr braucht jetzt unbedingt Ruhe. Bitte, beenden Sie das Gespräch.«

Daniel tippte der Oma zärtlich auf die Vogelschnabelnase. »Bis nachher, Mecky! Und mach, dass du schnell wieder gesund wirst.«

Der Stationsarzt wartete auf dem Flur. Er war ziemlich jung, wirkte aber abgeschlafft und müde. Jedenfalls hatte Daniel diesen Eindruck. Wahrscheinlich hatte er eine Nachtschicht hinter sich.

»Wie schlimm ist es?«, fragte Daniel.

»Darf ich fragen, ob Sie ein naher Verwandter von Frau Selbherr sind? Sie wissen ja, wir geben nur Auskunft, wenn …«

»Ich bin ihr Enkel«, sagte Daniel schnell. »Ich wohne bei meiner Großmutter. Mein Name ist Daniel Selbherr. Ich bin sozusagen ihr nächster Verwandter. Meine Eltern leben im Ausland.«

Der Arzt sagte: »Vielleicht hatte sie Glück im Unglück. Ich weiß es noch nicht. Wir haben den gebrochenen Unterarmknochen erst einmal notdürftig gerichtet. Der Bruch betrifft nur die Elle. Wir machen jetzt gleich eine Röntgenaufnahme. Es besteht die Gefahr, dass die Fraktur das Ellenbogengelenk beschädigt hat. Die Schürfwunden sind nicht so gravierend, die Gehirnerschütterung allerdings ist nicht unproblematisch. Nach Aussagen der Sanitäter trug Frau Selbherr einen Schutzhelm. Das hätte sonst böse ausgehen können, will ich mal sagen.«

»Wie lange wird sie wohl in der Klinik bleiben müssen?«

»Fragen Sie mich das mal in drei, vier Tagen, junger Mann. Sie kümmern sich um die Formalitäten unten beim Aufnahmeschalter?«

Daniel nickte verwirrt. Von Formalitäten hatte er keine Ahnung. Ihn quälte der Gedanke, dass die quirlige, sportliche, lebhafte Oma Mecky jetzt wie festgeklebt auf einem Bett liegen musste. Hoffentlich drehte sie nicht durch!

»Ach, fast hätte ich's vergessen.« Der Arzt, schon im Wegeilen, drehte sich noch einmal um. »Wegen des Fahrrades sollen Sie sich beim Polizeirevier in Bredeney melden.«

Der Beamte schwitzte heftig. Unter den Achseln war sein Uniformhemd fast schwarz. Er hämmerte auf einer altmodischen Schreibmaschine herum und schien Daniel erst nach einer Weile wahrzunehmen. »Worum geht es?«

»Es geht um das Fahrrad«, sagte Daniel. »Meine Großmutter ... Der Unfall. Ich soll mich hier bei Ihnen melden. Mein Name ist Daniel Selbherr.«

Der Polizist erhob sich schwerfällig aus seinem Drehsessel und kam an die Rampe. Mit dem üppigen Schnauzbart und der Stirnglatze wirkte er auf Daniel wie eine Robbe. Der Beamte knallte einen Schreibblock auf die Holzplatte und zog einen Kugelschreiber aus der Hemdtasche.

»Es ist fahrlässig, wenn alte Leute ohne einen Ausweis in der Tasche unterwegs sind. Im Extremfall weiß die Polizei dann nicht, wer zu verständigen ist. Ärger mit der Identifikation. Du verstehst, was ich meine?«

Extremfall! Danicl biss sich auf die Unterlippe, um das Grinsen zu unterdrücken. »Ich verstehe.«

»Schulkinder haben die alte Dame gefunden. Auf dem Waldweg liegt 'ne tote Frau, haben sie per Handy gemeldet. Es ist sofort ein Streifenwagen zur Unfallstelle gefahren. Zum Glück lebte die Frau ja noch. Der Rettungswagen war dann auch ruckzuck da. – Wie sieht's denn aus mit ihr?«

»Arm gebrochen und Gehirnerschütterung. Kann ich jetzt das Fahrrad haben?«

»Eins nach dem andern, mein Junge.«

»Ich bin nicht Ihr Junge.«

Das schien der Polizist nicht gehört zu haben, jedenfalls reagierte er nicht darauf. »Ich brauche Fakten zu dem Unfalleinsatz. Bei uns wird alles genauestens protokolliert. Name der Verunfallten?«

Wieder so ein Wort! Daniel schluckte. »Die Verunfallte heißt Mechthild Selbherr, Adalbert-Stifter-Weg 13, hier in Bredeney.«

»Ist der Ehemann benachrichtigt worden? Oder sonstige nähere Angehörige …«

Daniel winkte ab. »Der Ehemann lebt schon sehr lange nicht mehr. Der nächste Angehörige bin ich.«

An der Hintertür der Polizeiwache nahm Daniel dann das Rennrad, den Schutzhelm und die kaputte Brille in Empfang. Der Helm war ihm zu klein, er hängte ihn an den Lenker. Dann radelte er nach Hause. Es war nicht weit. Daniel überlegte, ob er seine Eltern informieren sollte, die befanden sich zurzeit in Nairobi. Er verschob die Antwort auf später.

Oma Meckys merkwürdiger Satz ging ihm nicht aus dem Kopf: *Auf einmal war ich wieder das kleine Mädchen zu Hause in unserem Schloss.*

DIE GROSSE LÜGE

Daniel liebte das graue Haus in dieser stillen Seitenstraße. Es war ein Haus aus einer anderen Zeit, und manchmal schien es ihm, als atmete das Haus noch immer die Luft längst vergangener Tage. Er bildete sich dann ein, märchenhaftes Geflüster zu hören und aus den Augenwinkeln huschende Schatten wahrzunehmen. Solche Vorstellungen überkamen ihn meist in der Abenddämmerung.

Ein kleiner Portikus mit zwei klassizistischen Säulen schützte den Eingang, Rhododendronbüsche zu beiden Seiten und Liguster, der süßlich duftete. Das Haus war zweigeschossig, unter dem Spitzgiebeldach gab es noch einen niedrigen Speicherraum. Für Oma Mecky und Daniel war das Haus eigentlich zu groß, seit Daniels Eltern nicht mehr hier wohnten. Sie kamen nur selten zu Besuch, meist zu Weihnachten und zu Ostern für ein paar Tage. Der Vater war in offenbar wichtiger Position im diplomatischen Dienst tätig, mal in Stockholm, mal in Canberra, mal in Amman. Jetzt also war Nairobi an der Reihe. Welche Funktion genau der Vater in den jeweiligen Botschaften hatte, wusste Daniel nicht. Es interessierte ihn auch nicht so sehr. Wahrscheinlich war es etwas Wichtiges und Geheimes. Die Mutter war in Essen geblieben, bis Daniel die Grundschule absolviert hatte, ab dann lebte sie bei ihrem Mann in fernen Ländern.

Daniel hatte nur kurze Zeit unter der Trennung gelitten, denn da war ja Oma Mecky. Der Gedanke, dass sie ihm näher stand als seine Eltern, bedrückte ihn ein wenig, aber er hatte sich mit dieser Tatsache abgefunden. Seine Eltern waren ihm nicht fremd geworden, Daniel freute sich herzlich, wenn sie kamen, doch er litt nicht, wenn sie wieder abreisten. Regelmäßig telefonierte er mit der Mutter, nur selten war der Vater am Apparat. Der Vater hatte spät geheiratet, er hatte jetzt die Sechzig schon erreicht. Die Mutter war wesentlich jünger. Daniel glaubte, dass die Ehe seiner Eltern ziemlich glücklich war. Sie hatten ihm ein Konto eingerichtet, für seine Extraausgaben stand Oma Mecky zur Verfügung.

Die anderen aus der Clique beneideten ihn. »So gut wie du möchte ich es auch mal haben«, tönte Carsten wieder und wieder. Das war Daniel peinlich. Doch es stimmte ja, dass er, abgesehen von den Schwierigkeiten in naturwissenschaftlichen Fächern, ein sorgenfreies Leben führte. Er konnte sich nach Lust und Laune in der oberen Etage des Hauses ausbreiten. Platz in Hülle und Fülle! Da war das Filmatelier, da konnte er mit Simon, Coco und Jonas Musik machen, da konnte er die halbe Jahrgangsstufe zur

Party einladen, da konnte er mit Bettina ungestört zusammen sein.

Oma Mecky hatte die kleine Villa, die wie angestaubt wirkte, von irgendwelchen Verwandten geerbt. Ihre Verwandten oder die ihres Mannes, der so früh gestorben war? Daniel wusste es nicht. In der Familie wurde nicht darüber gesprochen.

Daniel verstaute Fahrrad und Schutzhelm in der Garage. Die kaputte Brille legte er auf den Küchentisch. Vielleicht gab es ja eine Versicherung, die das Ding ersetzte. In seinem Schlafzimmer pfefferte er die Schultasche unter das Bett, dann ging er nach unten, um die Sachen zusammenzusuchen, die Oma Mecky im Krankenhaus brauchte. Fast verschämt fummelte er im Kleiderschrank nach Unterhosen und Hemden der alten Frau. Er stopfte in Oma Meckys Badezimmer alles, was er an Kosmetika, Pillendöschen und Hygienezeug beim Waschbecken fand, in eine Plastiktüte und vergaß auch Bademantel und Hausschuhe nicht.

Die Zweitbrille lag im Wohnzimmer auf dem Bücherbord. Oma Mecky las viel. Oft saß sie die ganze Nacht in ihrem abgeschabten Lieblingsledersessel unter der Jugendstillampe mit dem grünen Schirm. Thomas Wolfe, William Faulkner, Mark Twain, F. Scott Fitzgerald, Ernest Hemingway: die amerikanischen Autoren, die fast schon Klassiker waren, gehörten zu ihren Favoriten. Die intensive Leserin hatte Daniel mit ihrer Lust an Büchern angesteckt.

Das Wohnzimmer mit den wunderlichen, altmodisch wirkenden Möbeln übte seit seiner Kindheit einen magischen Zauber auf Daniel aus. Magische Gemütlichkeit – gab es so etwas? Durch die Bleiglasscheiben im runden Erker floss freundlich graues Licht ins Zimmer.

Daniel hatte sich das schon seit langem ausgemalt: Hier einen Kriminalfilm drehen nach englischem Muster! Schwarz-weiß natürlich und er als Regisseur. Lord Kitchener steht vor dem offenen Kamin und schmaucht seine Pfeife, das Whisky-Glas in der Hand. Die alte Lady Olivia – Oma Mecky könnte diese Rolle spielen – hockt am Marmortischchen bei einer Patience und legt hin und wieder die Spielkarten ab, um vom Sherry zu nippen. Die große Standuhr mit dem sanften Schlag zeigt drei Minuten vor Mitternacht, als der livrierte Butler geräuschlos erscheint und nach weiteren Wünschen der Lordschaft fragt. Wird der Mörder wirklich um Punkt Mitternacht kommen? – Klar, Regisseur Daniel plant eine Persiflage auf die alten englischen Filme, satirisch gebrochen, mit Augenzwinkern und komischen Gags, aber dennoch als Huldigung auf Sherlock Holmes und seinen Erfinder Sir Arthur Conan Doyle, auf Miss Marple und Alfred Hitchcock und voll Respekt vor all den spannend-witzigen Edgar-Wallace-Filmen.

Schluss mit den Träumereien! Oma Mecky wartete im Krankenhaus auf ihre Sachen. Daniel schwenkte die Schreibfläche des Sekretärs nach unten. Das Mahagoniholz war von feinen Maserungen durchzogen, die ein Flusssystem zu bilden schienen. Was in den zahlreichen

Schubfächern gehortet wurde, wusste nur Oma Mecky. Daniel öffnete das Klappfach mit dem verschnörkelten Schlüssel und nahm die Brieftasche aus brüchigem Leder heraus. Personalausweis, ein Bündel Euroscheine, Blutspenderpass, verschiedene Kreditkarten, die Krankenversicherungskarte für Privatversicherte, Rechtsschutz-Service-Card, MC-Medi-Card Krankenhausausweis, Opel-Händler-Service-Card … Oma Mecky sollte selbst entscheiden, was sie von diesem Plastikkartenkram im Krankenhaus brauchte. Die Zulassung für den Astra Coupé steckte Daniel sich in die Hemdtasche, die brauchte er.

Da war eine Schatulle, groß wie ein Schuhkarton, im Klappfach. Daniel starrte sie an, zögerte zuerst, nahm sie dann behutsam heraus und spürte, wie seine Hände ein wenig zitterten. Er ahnte, dass dies ein Vertrauensbruch war, aber er fühlte, dass ihn dieser Kasten mit dem purpurnen Samtüberzug magisch lockte. Junge, lass die Finger davon!, dachte er. Du darfst das Ding nicht aufmachen, das wäre unfair. Doch die brennende Neugier war stärker als das Schamgefühl. Daniel witterte etwas Geheimnisvolles, es war einfach nur so etwas wie ein fiebriges Gefühl. Vielleicht spukten ihm Oma Meckys Worte vom Traum von der Kindheit im Schloss im Kopf herum.

Die Schatulle war verschlossen. Am dicken Schlüsselbund gab es aber kein Schlüsselchen, das zu diesem Schloss passte. Oma Mecky musste es irgendwo versteckt haben. Wieder der mahnende Gedanke: Lass die Finger davon!

Mit seiner EC-Karte fummelte Daniel das Schnappschloss auf. Es war gar nicht schwierig. Papierzeug. Da stellte sich zuerst einmal Enttäuschung ein. Kein Goldschatz, keine Edelsteine und Perlen, keine Fotografien und verblüffende Gegenstände. Aber was hatte Daniel auch erwartet? Etwas Erstaunliches jedenfalls.

Und das fand er dann.

Den Kraftfahrzeugbrief legte er zur Seite, mit spitzen Fingern dann auch den braunen Briefumschlag, der mit Klebestreifen verschlossen war. Daniel kannte Oma Meckys feine, akkurate Handschrift. Auf dem Umschlag stand:

TESTAMENT – Im Falle meines Ablebens von meinen Angehörigen zu öffnen.

Dann war da ein dickes Mäppchen mit Kontoauszügen. Daniel blätterte. Der Betrag, der Monat für Monat in den Bankabrechnungen erschien, sprang ins Auge. Es war ein erheblicher Betrag. Diese Geldsumme, die regelmäßig einging, erlaubte Oma Mecky also ihren großzügigen Lebensstil! Merkwürdig der Auftraggeber dieser Überweisungen: *Forstverwaltung Aulenrith.* Und dazu das Wort *Apanage* mit dem jeweiligen Monatsnamen. Daniel wusste diesen Begriff nur ungefähr zu deuten, mit Geld für den Lebensunterhalt hatte es wohl zu tun. Konnten diese Überweisungen irgendwie aus dem Nachlass ihres Mannes stammen, der kurz vor Kriegsende an der Westfront gefallen war? Da war, wie man in der Familie wusste, ein

Brief von irgendeiner Militärbehörde gekommen, Wehrmachtskommandantur XYZ oder so. Von Heldentod für Führer, Volk und Vaterland war wohl die Rede gewesen, die übliche Floskel, die man damals in diesem wahnsinnigen Weltkrieg benutzte, wenn man den Angehörigen mitteilte, dass schon wieder ein Soldat gefallen war. Gefallen! Daniel hasste dieses Wort. Soldaten fielen doch nicht, die krepierten elend, wurden von MG-Feuer oder Granaten zerfetzt oder von Gewehrkugeln durchsiebt. Vielleicht war der junge Mann, der nur so kurze Zeit mit seiner jungen Frau Mechthild verheiratet war, auch in einem Feldlazarett verblutet. Daniel hatte oft darüber nachgedacht. Oma Mecky sprach nie von diesem Mann.

Jetzt die Kladde. Der schwarze Wachstuchüberzug hatte sich an den Rändern vom Deckel gelöst. Das achteckige Schildchen, wie von einem Schulheft aus einer anderen Zeit, war mit mehreren Wörtern beschriftet, doch die Tintenlettern waren verblasst. Daniel konnte nur das Wort *Tagebuch* entziffern. Daniel blätterte nur kurz in der Kladde, ohne wirklich zu lesen. Sollte er ein Tabu verletzen? Jetzt nicht, nicht jetzt!

Die wirkliche Überraschung erwartete ihn noch. Der kleinformatige Ausweis aus Pappe trug die Überschrift *Kennkarte*. Gotische Buchstaben. Kennkarte? Vermutlich war das damals die Bezeichnung für Personalausweise gewesen. Dann erschrak Daniel so sehr, dass er zuerst einmal zu atmen vergaß. Er starrte ungläubig auf das Dokument, das mit unsauberer Schreibmaschinenschrift ausgefüllt war und mit einem runden Siegel der Stadt Essen abgestempelt war, der Reichsadler mit einem Hakenkreuz im Kreis. Kriegszeit, Nazizeit. Für diese Person war die Kennkarte ausgefüllt worden:

*Mechthild Gräfin von Selbherr**
geboren: 23. April 1927 in Aulenrith, Wttmb.
wohnhaft: Adalbert-Stifter-Weg 13, Essen-Bredeney

Daniel war so verwirrt, dass er zunächst seinen Augen nicht traute. Sollte das ein Witz sein? Mechthild Gräfin von Selbherr! War damit tatsächlich Oma Mecky gemeint? Seit wann war die denn eine Gräfin? Hatte sich da jemand einen albernen Scherz erlaubt? Daniel fasste sich an den Kopf. Aber dieser Ausweis war doch mit einem behördlichen Stempel versehen! Oma Mecky eine Gräfin? Zum Teufel, warum wusste er nichts davon? Was hatte dieses rätselhafte Spiel zu bedeuten? Daniel sah das Datum, an dem die Kennkarte ausgestellt worden war: *24. Juni 1944*. Da war Oma Mecky siebzehn Jahre alt gewesen. Mussten Jugendliche damals einen Ausweis haben? Man wurde früher doch erst mit einundzwanzig Jahren volljährig. Gräfin von Selbherr! Verdammt, wie sollte Daniel das begreifen? Ein Bienenschwarm sirrte in seinem Gehirn.

Hatte das Sternchen hinter dem Namen etwas zu bedeuten? Daniel klappte die Kennkarte auseinander. Auf der Innenseite gab es einen Vermerk. Wieder ein Sternchen hinter dem Nachnamen, doch Oma Meckys Name lautete nun anders:

Der Name durch amtsrichterliche Verordnung geändert.
*Mechthild Selbherr**

Also weg mit dem Gräfinnentitel, nichts Adeliges mehr. Neue Irritation für Daniel. Wer oder was hatte diese amtsrichterliche Verordnung verursacht? Eine Minderjährige konnte solch eine Namensänderung garantiert nicht eigenmächtig beantragen. Hatten ihre Eltern das veranlasst? Und wenn ja: warum? Oder war das eine staatliche Verfügung gewesen, steckte etwas Politisches dahinter? Naziwillkür oder so? Verblüfft erkannte Daniel, dass die Namensänderung genau auf den gleichen Tag datiert worden war, an dem die Kennkarte ausgestellt wurde. Wieder das Datum *24. Juni 1944*. War dieser Ausweis vielleicht nur ausgefüllt worden, um die Veränderung des Namens zu dokumentieren? Wie sollte Daniel das begreifen? Das Gesicht auf dem Foto war zur Unkenntlichkeit verblasst.

Die zweite Überraschung ließ ihn in albernes Lachen ausbrechen, das hatte nichts mit Fröhlichkeit zu tun, das war ein Ausbruch geistiger Hilflosigkeit. Sein Vorstellungsvermögen war überfordert, die Gedanken spielten verrückt. Zuunterst in der Schatulle lag ein weiteres Dokument, das betraf vor allem seinen Vater.

GEBURTSURKUNDE
Standesamt Essen-Bredeney Nr. 316/63
Alfons Selbherr

ist am 11. August 1944 in Essen, Kruppkrankenhaus, geboren.
Eltern: Vater unbekannt, Mutter Mechthild Selbherr, katholisch, wohnhaft in Essen, Adalbert-Stifter-Weg 13.
Essen, den 14. August 1944.

Darunter eine eingeklebte Gebührenmarke, die schnörklige Unterschrift des Standesbeamten und der Stempel mit dem Hakenkreuz.

Ruhig werden und die Gedanken ordnen. Das war nicht leicht. Daniel umrundete wieder und wieder, voll Nervosität bis in die Haarspitzen, den Perserteppich. Die Fakten: Das Mädchen Mechthild war im Alter von siebzehn Jahren von einem angeblich unbekannten Mann schwanger geworden und hatte ein Kind zur Welt gebracht. Alfons. Dass sein Vater also ein uneheliches Kind war, nahm Daniel jetzt fast sachlich zur Kenntnis. Der geringe Altersunterschied zwischen Oma Mecky und seinem Vater war ihm vorher nicht bewusst geworden. Hatte die Namensänderung mit dieser Schwangerschaft zu tun? Damals war das doch gewiss ein Riesenskandal gewesen, dass eine Jugendliche ein Kind erwartete. Die Familienehre befleckt, der gute Ruf ruiniert. Und das bei Leuten mit gräflichem Tralala! Hatte man das Mädchen Mechthild vielleicht sogar aus der Familie verstoßen? Offenbar hatte das Mädchen den Namen des Mannes, der sie geschwängert hatte, nicht preisgegeben, doch es konnte auch sein, dass er einfach offiziell verheimlicht wurde.

Daniel überlegte: Weiß mein Vater, wer sein Vater ist?

Dann überkam ihn Zorn. Die große Lüge, diese verdammte große Lüge! Warum hatten sie ihm das Märchen von dem gefallenen Soldaten erzählt? Das war doch eine erfundene Figur, diesen Mann hatte es nie gegeben. Den Namen Selbherr hatte Oma Mecky schon als Kind gehabt, sie war nie verheiratet gewesen. Hatte sie sich aus Scham den Ehemann ausgedacht, der bald nach der Hochzeit an der Front umgekommen war? »Sie haben mich verarscht«, flüsterte Daniel, »sie haben mir die Wahrheit nicht gesagt, sie haben mich angelogen, sie haben mich beleidigt, sie haben mich wie einen Idioten behandelt, dem man die Tatsachen nicht zumuten kann.«

Daniel drosch mit den Fäusten auf Oma Meckys Lieblingsledersessel ein und war verkrampft vor Wut und Enttäuschung. Ein Scheißspiel hatten sie mit ihm getrieben. Und jetzt dieses verfluchte, quälende Durcheinander im Kopf! Irgendwie musste er das alles erst einmal richtig auf die Reihe bringen.

Das Dudeln des Handys schreckte Daniel aus seinen schwarzen Gedanken auf.

BLUT IST NICHT BLAU

Es war Bettina. Daniel hatte sich das schon gedacht. Sie wollte wissen, was mit Oma Mecky passiert war, weil sie sich heftige Sorgen machte. »Mensch, Daniel, dein Abgang vorhin ist mir voll auf den Magen geschlagen. Lass hören!«

»Fahrradsturz. Sie ist auf den linken Arm gefallen und der ist gebrochen. Außerdem 'ne Gehirnerschütterung. Sie war wohl für einige Zeit richtig weggetreten, aber als ich bei ihr im Krankenhaus war, da tickte sie schon wieder halbwegs richtig. Mecky ist zäh, die schafft das.«

»Uff! Da kullern mir die Zentnersteine vom Herzen. – Wie ist das denn gekommen, das mit dem Sturz? Mecky ist doch 'ne Weltmeisterin mit ihrem Rennflitzer.«

»Sie sagt, das Vorderrad sei auf dem Schotterweg weggerutscht, in einer Kurve angeblich, aber ich glaube was anderes. Sie hatte einen Aussetzer, wenn du mich fragst. Ist in den letzten Wochen schon mehrmals vorgekommen. So eine Art Sekundenschlaf. Aber sie will ja nicht kapieren, dass sie kein junger Hüpfer mehr ist. Ich bringe ihr gleich so allerlei Klamotten ins Krankenhaus. Der Armbruch muss noch geröntgt werden. Die Ärzte werden sie wohl noch eine Weile einbuchten in der Klinik. Schöne Scheiße!«

»Himmel, hoffentlich steht sie das durch, so zappelig wie sie ist! Ich halte die Daumen, dass sie schnell wieder gesund wird. Bestell ihr einen dicken Gruß von mir, okay?«

»Klar, mache ich«, sagte Daniel, »aber da ist noch was.«

»Moment, lass mich erst mal! Ich hab vorhin Sandra getroffen. Die wäre interessiert. Ich meine, ich hab ihr erzählt, dass ihr eine Sängerin für eure Band sucht. Sandra hat eine enorme Röhre und würde bestimmt ...«

Daniel unterbrach aufgeregt. »Stopp, Tina, stopp! Ich muss dir was Wichtiges sagen. Kannst du dir vorstellen, dass ich ziemlich blaues Blut habe?«

»Was laberst du da? Blut ist nicht blau und nicht grün und nicht lila. Hast du etwa gesoffen?«

»Quatsch! Du, ich meine das ernst. Blaublütig. So mit Adel und so. Es kann gut sein, dass ich blaublütig bin. So zur Hälfte ungefähr. Wie findest du das?«

Bettina lachte. »Klar, du stammst in direkter Linie von Kaiser Barbarossa ab. Daniel, was soll der Käse? Außerdem gibt's in Deutschland keinen Adel mehr, der wurde 1919 abgeschafft. Solltest du eigentlich wissen. Null Privilegien mehr für die feinen Pinkel und die höheren Klavierspieltöchter. – Sag mal, wieso spinnst du plötzlich?«

»Aber die Titel …«

»Die Titel sind nur noch Bestandteil des Namens, wenn jemand von den Snobs sich gern damit schmücken will. Zu bedeuten hat das doch nix mehr. Schnee von gestern. Aber du hast meine Frage nicht beantwortet. Wieso spinnst du auf einmal so rum?«

Daniel sagte leise: »Ich hab vorhin in Meckys Sekretär einen alten Ausweis gefunden. Sie hieß mal Mechthild Gräfin von Selbherr. Irgendwie rätselhaft. Sie hat nie darüber gesprochen. Meine Eltern haben mir das auch nicht verraten. Aber als Mecky siebzehn war, da wurde der Name geändert.«

Zuerst schwieg Bettina eine Weile, nur ihr Atmen war zu hören. Dann: »Das zieht mir die Socken aus, echt.« Sie kicherte. »Dann muss ich jetzt wohl Durchlaucht zu dir sagen oder Durchlöchert. Wie hättest du's denn gern?«

»Ich hätte gern, dass du für mich was rausfindest. Du bist doch der große Internet-Freak. Der Name Graf von Selbherr, der müsste doch irgendwie rauszukriegen sein, falls es ihn noch gibt. Adelshäuser, Schlösser, Herrensitze, Latifundien … Was weiß ich, unter was für Stichwörtern man solche Feudalschuppen findet, aber du kennst dich doch aus. Schmeiß mal deine Suchmaschine an!«

»Daniel, ich hab einen Termin beim Frisör.«

»Na und? Das eine schließt doch das andere nicht aus. Das mit dem Namen hast du doch in null Komma nix raus, da verwette ich meine Ohren gegen zehn Zentner

Blumenkohl. Tina, lass mich nicht hängen! Du machst das, ja?«

Tiefes Stöhnen. »Jawoll, Herr Graf! Wenn ich fündig werde, komme ich nachher auf einen Sprung zu dir rüber. Meckys alten Ausweis, also, den möchte ich mir doch gern mal anschauen. Du hast mich ganz schön neugierig gemacht. – Ciao, bis später!«

Dass das Mädchen Mechthild mit siebzehn Jahren ein Kind bekommen hatte, musste Bettina ja nicht unbedingt wissen, zumindest jetzt noch nicht. Es hatte sie offenbar nicht stutzig gemacht, dass Oma Mecky auch damals schon den Namen Selbherr hatte. Daniel schüttelte sich, als könnte er so die verwirrenden Gedanken vertreiben.

Die Plastiktüte erwies sich als zu klein, darum stopfte er die Sachen einfach in einen Müllsack. Mit dem Astra Coupé fuhr er zum Klinikum und erwischte nach längerer Herumkurverei auch einen Parkplatz. Die Chipkarte der Krankenversicherung gab er am Schalter der Aufnahme ab. Hier erfuhr er auch, dass seine Großmutter inzwischen in einem Zimmer im zweiten Obergeschoss untergebracht worden war.

Es war ein helles Einzelzimmer. Oma Mecky saß aufrecht im Bett, ihr Gesicht war sehr blass und wirkte beinahe durchsichtig. Daniel hatte den Eindruck, dass die kleine Frau in der Zwischenzeit noch kleiner geworden war, geschrumpft fast zur Zwergenhaftigkeit. Man hatte ihr ein ärmelloses Krankenhaushemd angezogen. Der linke Arm war geschient und mit einer dicken Bandage umwickelt.

»Hi, Mecky!« Daniel gab sich Mühe, unbefangen zu wirken. Es war nicht einfach. Etwas hatte sich verändert, die kumpelhafte Vertrautheit hatte einen Riss bekommen. Daniel wich dem Blick der alten Dame aus. Einerseits spürte er noch immer die Empörung darüber, dass er so schmählich belogen worden war, andererseits hemmte ihn das Schuldgefühl, weil er in einen privaten Bereich eingedrungen war, der für ihn verborgen bleiben sollte. Er hatte eindeutig eine Tabugrenze überschritten. Nichts war mehr, wie es gewesen war. »Was hat die Untersuchung ergeben?«

»Ach, Junge, ich bin eine blöde Kuh. Warum habe ich nicht besser aufgepasst! Der Bruch wär nicht so tragisch, hat der Arzt gesagt, aber der Ellenbogen hat was abgekriegt. Ziemlich kompliziert. Jetzt bin ich erst einmal für eine Weile hier eingesperrt. Leg die Sachen einfach da auf den Tisch. Die Stationsschwester wird sich darum kümmern. Kommst du denn allein zurecht?«

Daniel winkte ab. »Das ist kein Thema. Wichtig ist doch bloß, dass du schnell wieder gesund wirst. Scheiße, Mecky, mir tut das so Leid, dass du solch ein Pech hattest.«

Oma Mecky versuchte ein Lächeln. »Nun heul mal keine Krokodilstränen, jetzt hast du doch sturmfreie Bude. Aber treib's nicht zu bunt, hörst du? Du musst das Häuschen am Bodensee abbestellen, vergiss das nicht.«

»Mach dir deswegen keine Sorgen. Hast du Schmerzen?«

»Geht so. Sie haben mir Spritzen verpasst. Aber dass immer eine Pflegerin mitkommt, wenn ich aufs Klo muss, das ist mehr als peinlich. Was ist mit meinem Fahrrad?«

»Das steht wieder brav zu Hause im Stall. Ich hab's bei der Polizei abgeholt. Die Brille kannst du vergessen, die ist im Eimer.«

Sie redeten noch ein bisschen miteinander. Daniel fühlte sich gehemmt, weil es für ihn ganz neu war, die sonst so lebhafte und resolute Frau in diesem Zustand im Bett sitzen zu sehen. Oma Mecky schämte sich offenbar ihrer Hilflosigkeit und versuchte sie mit selbstironischen Floskeln zu überspielen. Wo sie die Brieftasche mit Geld und Kreditkarten aufbewahren werde, wollte Daniel wissen, wo doch bekanntlich in Krankenhäusern dauernd geklaut werde. Oma Mecky verwies auf das metallene Schließfach im Schränkchen neben dem Bett.

»Kommst du morgen wieder, Daniel?«

»Na logisch! Ich muss doch kontrollieren, ob du dich brav an die Hausordnung hältst und nicht das Personal tyrannisierst.«

»Komiker! Bring mir dann die beiden Bücher mit, die auf meinem Nachttisch liegen. Joyce Carol Oates. Nicht vergessen! Von der Oates solltest du übrigens auch mal was lesen. *Engel des Lichts* zum Beispiel. Die ist eine enorm gute Stilistin, die Oates. – Ich will jetzt versuchen, ein Stündchen zu schlafen. So schlapp, wie ich mich fühle. Weiß der Teufel, was für ein Zeugs die mir gespritzt haben!«

Daniel wollte das eigentlich nicht sagen, aber er sagte

es trotzdem und dann hätte er sich am liebsten die Zunge abgebissen. »Träum was Schönes von deiner Zeit als Prinzessin.«

»Was soll denn der Unsinn?«

»Na ja, Kindheit im Schloss und so …« Daniel schob verlegen die Hände in die Hosentaschen. »Du hast doch erzählt, dass du geträumt hast, du wärst wieder das Kind zu Hause im Schloss, als du …«

Oma Mecky fauchte wie eine Wildkatze. »Vergiss den Quatsch! Da war ich doch noch halb im Dusel von der Ohnmacht. Erinnerung an ein Kinderbuch – was weiß ich.«

Daniel war erschrocken von der heftigen Reaktion. Das passte doch nicht zu der Frau, die sonst immer heiter und gelassen war. Er ahnte, dass er ein Tabuthema berührt hatte. »Nun flipp doch nicht aus, Mecky! Ich hab ja bloß gemeint … Hoffentlich hältst du's hier einigermaßen aus.«

»Wenn du wüsstest, was ich in meinem Leben schon alles ausgehalten habe! – Hopp, Jungchen, schwirr ab! Der Kühlschrank ist voll, verhungern wirst du nicht. Und die Blumen solltest du ab und zu gießen.«

Daniel hob zum Abschied die Hand. Der Satz setzte sich in seinem Kopf fest: *Wenn du wüsstest, was ich in meinem Leben schon alles ausgehalten habe.*

Er wartete auf dem Flur auf die Stationsschwester. Das dauerte eine Weile. Endlich kam die dralle Dame mit der weißen Strähne durch die Schwingtür gestampft. Sie trug ein Tablett mit Tellerchen, auf denen Pillen verteilt waren.

»Haben Sie eine Sekunde Zeit?«

»Die Sekunde ist schon vorbei. Also, ich höre.«

»Wo meine Großmutter doch jetzt schon mal im Krankenhaus ist, d-d-da dachte ich …« Daniel geriet ins Stammeln. »Dass man sie vielleicht mal so allgemein untersucht. Das mit dem Fahrradsturz, das könnte ja auch so eine Art Blackout gewesen sein. Durchblutungsstörung vielleicht. Sie ist ja nicht mehr die Jüngste.«

»Junger Mann«, entgegnete die Krankenschwester schnippisch, »wir freuen uns immer, wenn uns die Angehörigen unserer Patienten Vorschläge zur Diagnose machen. Als ob das nicht selbstverständlich wäre, dass wir Frau Selbherr von Kopf bis Fuß durchchecken! War's das?«

Daniel suchte nach einer passenden Antwort, doch da war die Schwester schon enteilt. Er war sauer. Er hätte doch sagen können: Sie haben bestimmt bei der Wahl zur Miss Krankenhaus gewonnen, Sonderpreis für außergewöhnliche Freundlichkeit.

Daniel fuhr nach Hause und briet sich Spiegeleier.

Bettina kam mit dem Motorroller. Als sie den Helm abnahm, machte Daniel Stielaugen, weil ihr Haar auf Streichholzlänge abgeschnitten und knallrot gefärbt war. Er fand das nur mäßig schön, sagte aber ihr zuliebe: »Echt krass, dein Haarschnitt!«, was sie mit einem Lächeln quittierte. Sie zog einen Computerausdruck aus der

Hemdtasche und überreichte ihn mit einem theatralischen Hofknicks.

»Voilà, gräfliche Hoheit! Das Geheimnis der adligen Herkunft ist gelüftet. Kann ich ein Autogramm haben?«

»Mach dich nur über mich lustig, olle Hexe. Ich könnte dich natürlich auch in unser Schlossverlies sperren lassen, aber jetzt bin ich erst mal neugierig, ob ich gespannt bin.« Daniel las den Text.

Barockschloss Aulenrith, erbaut um 1730, im Baustil bereits Rokokoeinflüsse, im Besitz der Grafen von Selbherr, derzeit bewohnt von Familie Konrad Graf von Selbherr, gelegen am Aulenwalder Ried, Großgärtnerei und Forstwirtschaft, Schlossbesichtigungen nicht möglich.

Das Bild war klein wie eine Briefmarke und zeigte die Fassade mit einer halbrunden Freitreppe. Daniel glaubte Stromstöße in seinen Fingern zu spüren.

»Bingo! Der Name Aulenrith steht auch auf den Bankauszügen. Das ist das Schloss, von dem Mecky geträumt hat, da hat sie ihre Kindheit verbracht. Tina, du bist die Größte.«

»Weiß ich doch. Ich hab für dich auch schon rausgefunden, wo die Hütte steht. Südlich der Schwäbischen Alb, zwischen der Stadt Saulgau und dem Bodensee. – Jetzt kapiere ich auch, warum Mecky am Bodensee Urlaub machen wollte. Das hat garantiert mit Heimweh zu tun.«

Daniel widersprach nicht, obwohl er ahnte, dass das alles viel komplizierter war. Die Namensänderung in der Kennkarte kam ihm jetzt wie eine Drohung vor. Und da hämmerte auch der Satz in seinem Schädel: *Wenn du wüsstest, was ich in meinem Leben schon alles ausgehalten habe.*

»Erst hab ich das alles ja für einen Joke gehalten«, sagte Bettina, »ich meine, das mit dem blauen Blut und so, aber jetzt sieht es ja wirklich so aus, als ob du von irgendeinem degenerierten Landadel abstammst. Mann, Mann, ausgerechnet du! Zeigst du mir mal diesen alten Ausweis von Mecky?«

Daniel dachte: Sie hat es noch immer nicht gemerkt, dass Oma Mecky schon als Kind Selbherr hieß und also niemals verheiratet war. Er holte die Kennkarte aus dem Sekretär, von dem Tagebuch und der Geburtsurkunde sagte er nichts. »Das bleibt unter uns, Tina, klar? Erzähl niemandem was von Meckys Herkunft, auch Carsten nicht. Schwörst du?«

»Dem schon gar nicht. Da könnte ich die Meldung ja gleich am schwarzen Brett anpinnen: Daniel hat blaues Blut! Also, großes Indianerehrenwort. Ich schweige wie ein Grab.« Bettina schaute sich aufmerksam die Kennkarte an. »Warum hat sie wohl ihren Namen ändern lassen? Ob sie mit ihrer Verwandtschaft nichts mehr zu tun haben wollte? Irgendwie rätselhaft.«

Daniel sagte nicht: Sie war doch erst siebzehn, sie konnte doch ihren Namen überhaupt nicht eigenmächtig ändern lassen, das haben vielleicht andere veranlasst. Er sagte: »Ja, irgendwie rätselhaft.«

Bettina seufzte. »Jetzt werden wir uns ja ein Weilchen nicht sehen.«

»Kann man nichts machen. Schickst du mir 'ne Message, wenn du in Manchester angekommen bist?«

»Mache ich. Du wirst mir verdammt fehlen.«

»Warte es doch erst mal ab. Vielleicht verknallst du dich ja sofort in irgendeinen Typen im Kurs, in so einen glutäugigen Latino zum Beispiel.«

»Spinner! Du guckst dir die falschen Filme an. Was stellst du denn jetzt eigentlich in den Ferien an, wo du nicht mit Mecky zum Bodensee fahren kannst?«

»Weiß ich noch nicht. Vielleicht betreibe ich Ahnenforschung. Irgendwie kriege ich die Zeit schon rum. Und in drei Wochen bist du ja auch wieder da.«

Daniel legte die Hände auf Bettinas Hüften, aber sie stieß ihn lachend von sich. Es wurde Zeit für sie, vor der Abreise hatte sie noch so vieles zu erledigen. Daniel begleitete sie zu ihrem Motorroller. Sie küssten sich. Daniel winkte ihr nach, Bettina hupte.

Als er dann allein im großen Haus war, überkam ihn ein seltsames Gefühl von Traurigkeit und Leere. In seinem Zimmer schob er eine CD von Alexis Korner ein. *The Moody Blues.* Daniel wollte Blues hören. Er hatte den Blues.

DAS TAGEBUCH

Also dann! Vertrauensbruch gegen Vertrauensbruch, Schnüffelei in einem alten Tagebuch gegen die Lüge vom Soldatentod. Das dachte Daniel trotzig, obwohl er sich schämte. Das Schuldgefühl trickste er mit einer Flasche Bier aus. Oma Mecky und seine Eltern verhielten sich unfair, also nahm er sich das Recht, ebenfalls unfair sein zu dürfen. *Die Wahrheit ist zumutbar.* Über diesen Satz der Schriftstellerin Ingeborg Bachmann hatten sie im Philosophiekurs lange und kontrovers gestritten.

Was für einen Grund gab es, dass man ihm die Wahrheit verheimlichte? Lügenmärchen! Die Familiengeschichte hatte mit Kontinuität zu tun, blinde Flecke durfte es nicht geben. Also verhielt er sich im Grunde nicht wirklich unfair, wenn er über seine Vorfahren Bescheid wissen wollte. Das war sein gutes Recht. War der Vater seines Vaters wirklich unbekannt, wie es in der Geburtsurkunde stand? Fauler Zauber! Aber irgendwelche Leute waren offenbar daran interessiert gewesen, dass das

Wort *unbekannt* in ein amtliches Dokument geschrieben wurde. Wer waren diese Leute?

Solche Gedanken gingen Daniel durch den Kopf, als er im Wohnzimmer in Oma Meckys Lieblingsledersessel hockte und das Tagebuch in den Händen drehte. Graues Abendlicht drang durch die Fensterscheiben. Keine goldenen Sonnenstrahlen. Der Himmel hatte sich verfinstert, eine bleierne Dunstschicht hing über den Baumwipfeln, es war schwül. Im Gartengebüsch schrien Tauben klagend und rau. Daniel knipste die Stehlampe an, obwohl es eigentlich noch hell genug war im Zimmer. Wahrscheinlich hatte er jetzt den warmen Lichtschein nötig. Er wusste es nicht genau.

Zuerst blätterte er einfach nur. Die schöne Handschrift imponierte ihm sehr. Anscheinend hatte das Mädchen Mechthild mit einer weichen, elastischen Feder geschrieben, fein die Aufstriche, druckvoll die Rundbögen. Von solch einer Handschrift konnte Daniel nur träumen. Ihm fiel auf, dass keine der Eintragungen mit einem Datum versehen war. Auf den letzten Seiten mehrten sich aber die Aufzeichnungen, die anscheinend hastig mit einem Bleistift hingekritzelt worden waren. Da und dort waren auch kleine Zettel eingeklebt worden, eine andere Schrift, nicht die des Mädchens, das Oma Mecky einmal gewesen war.

Daniel schlürfte das Bier. Das war nichts als Zeitverzögerung. Ihm war klar, dass er in eine geheimnisvolle, entscheidende, intime Zeitphase im Leben seiner Großmutter eindringen würde. Hätte Oma Mecky das alte Tagebuch sonst aufbewahrt? Er erwartete Enthüllungen. Jetzt überkam ihn erneut ein beunruhigendes Gefühl aus Scham und Scheu, das ihn zögern ließ, doch er war entschlossen, in dieser Kladde zu lesen. Eine Minute ließ er vergehen, er zählte genau die Sekunden, dann gab er sich einen Ruck.

Ich weiß jetzt, dass er Alphonse heißt. Zofia hat es mir gesagt. Sie ist Zwangsarbeiterin aus Polen und ist seit ungefähr zwei Monaten bei uns in der Schlossküche beschäftigt. Zwischendurch muss sie auch in der Gärtnerei arbeiten. So viel schuften! Sie ist doch kaum älter als ich und hat schreckliches Heimweh. Mittags bringt sie den Torfstechern das Essen. Daher weiß sie seinen Namen. Er ist der Jüngste von den sechs Franzosen und für die schwere Arbeit im Ried viel zu dünn. Eigentlich ist er fast noch ein Junge, aber ein bisschen Schnurrbart hat er schon. Warum musste er so früh Soldat werden?
Papa hat verboten, dass wir mit den Kriegsgefangenen reden, weil sie unsere Feinde sind. Alphonse ist aber kein Feind! Er hat schwarzes Haar und sieht trotz der hässlichen braunen Uniform wie ein Balletttänzer aus. Die Abzeichen hat man den Franzosen abgemacht. Sie bekommen immer nur Suppe und ein Stück Brot. Das finde ich gemein. Papa hat gesagt, sie haben nichts Besseres verdient, weil sie gegen Deutschland gekämpft haben. Warum gibt es diesen Krieg? Konrad behauptet, weil wir ihn gewinnen müssen.

Wie soll ich das verstehen? Ich beobachte Alphonse manchmal mit dem Fernglas. Konrad darf mich nicht erwischen.

*

Heute habe ich A. wieder gesehen. Wenn ich zur Oberschule in die Kreisstadt radele, kann ich auch einen Umweg machen am Ried vorbei. Ich hab gemerkt, dass A. mir Blicke zugeworfen hat. Das habe ich auf der Haut gespürt. Aber ich hab den Kopf nicht gedreht, weil Eugen bei den Torfstechern Wache hatte. Der ist ein Angeber und hält immer das Gewehr schussbereit, er würde mich sofort bei Konrad verpetzen. Wozu ein Gewehr? Die Franzosen sind doch ganz friedlich. Niemand darf wissen, dass ich Gefühle habe für Alphonse. Aber er weiß es!

Daniel hörte erst einmal auf zu lesen, um die Gedanken zu sortieren. Da begann also eine Liebesgeschichte, das war wohl nicht anders zu erwarten gewesen. Er hatte nie ein Tagebuch geführt, albern, Gedanken und Gefühle aufzuschreiben! Und dann auch noch mit der Anrede: Liebes Tagebuch! Vermutlich war es ein Vorurteil, doch nach seiner Sicht der Dinge handelten Mädchentagebücher immer nur von Liebesgeschichten – tragisch oder zuckersüß oder beides gemischt. Doch er ahnte, dass dieses Tagebuch von einer anderen Qualität war. Die Ernsthaftigkeit berührte ihn.

Eine junge Polin als Zwangsarbeiterin. Daniel wusste, dass von deutschen Besatzungstruppen vor allem Russen und Polen nach Deutschland entführt worden waren, weil man in der Industrie und in der Landwirtschaft Arbeitskräfte brauchte. Deutsche, die halbwegs bei Kräften waren, hatten damals ja Kriegsdienst zu leisten. Der Führer wollte unbedingt Soldaten verheizen. Daniel hatte einmal in einem Antiquitätenladen einen Soldatengürtel gesehen. Auf dem Koppelschloss stand *Blut und Ehre*. Bescheuert! Dass auch Kriegsgefangene zur Arbeit gezwungen wurden, hatte Daniel bisher nicht gewusst, im Geschichtsunterricht war es jedenfalls nicht erwähnt worden.

Daniel überlegte: Das Mädchen Mechthild fürchtete sich vor Konrad. Wer war Konrad? Ein Oberaufseher vielleicht, so eine Art Nazi-Sheriff? Daniel kannte das Wort Gauleiter. Mit Papa war der Graf gemeint, ganz klar. Meckys Vater. Daniel zuckte erschrocken zusammen. Mein Urgroßvater! Wieder dachte er ganz langsam den Satz: Auf einmal war ich wieder das kleine Mädchen zu Hause in unserem Schloss. – Okay! Aber die Tagebuchschreiberin war kein kleines Mädchen mehr gewesen, sondern ein Teenager, verknallt in einen französischen Kriegsgefangenen namens Alphonse. Daniel las weiter.

Warum dürfen wir nicht miteinander sprechen? Ich hasse den Krieg, aber das dürfen Papa und Konrad nicht wissen. Ob auch Mama den Krieg hasst, weiß ich nicht. Sie sagt immer nur das, was Papa sagt. Wie ein Papagei plappert sie, aber ich weiß nicht, was sie wirklich meint. Konrad predigt mir immer was vor von Weltherrschaft. Er hat ein großes Foto von Adolf Hitler im Vestibül aufgehängt, er will, dass wir es immer grüßen. Ich tue das aber nicht. Warum sind die Deutschen und die Franzosen Feinde? Konrad behauptet, Juden und Polen sind Untermenschen. Zofia ist kein Untermensch.

Der Name Alphonse ist schön, ich flüstere ihn manchmal, wenn es niemand hören kann. Warum lernen wir in der Schule Französisch, wenn die Franzosen doch Feinde sind? Alphonse ist bestimmt kein Feind. Die fünf anderen Franzosen sind auch keine Feinde.

Es ist jetzt sehr heiß. Die Torfstecherei ist eine anstrengende Arbeit. Wie soll Alphonse das aushalten?

*

Ich glaube, dass Papa den Franzosen nicht verzeiht, dass sie 1789 die Revolution gemacht haben und den König köpften. Papa ist gegen die Demokratie. Er sagt, das Volk ist blöde und braucht immer einen Führer. Weil der Adel keine Macht mehr hat, ist Papa für Adolf Hitler. Hauptsache, es gibt keine Demokratie. Konrad ist noch mehr für Adolf Hitler als Papa. Dass Frankreich unser Erbfeind ist, behauptet er. Ich weiß nicht genau, was das bedeuten soll. Konrad würde am liebsten alle Franzosen erschießen. Das macht mir Angst. Ich hasse meinen Bruder.

Daniel stand auf und holte ein zweites Bier aus dem

Kühlschrank. Die Sache mit Konrad war also geklärt: Meckys Bruder. Offenbar war er älter als Mecky. Ob es den Typen noch gibt?, überlegte Daniel. Vielleicht ist er jetzt der Boss im Schloss.

Daniel überflog im Stehen einige Tagebuchseiten. Quälerische Monologe noch und noch. Das Mädchen Mechthild zitierte auch das Lied von den zwei Königskindern, die einander so lieb hatten, doch nicht zusammenkommen konnten, weil das Wasser viel zu tief war. Okay, schöne Metapher. Traurigkeit und Verzweiflung las er aus den Zeilen, obwohl diese Wörter nicht vorkamen. Von heimlichen Handzeichen war die Rede, die Mechthild und der junge Franzose austauschten.

Dann wurde es spannend. Die Situation hatte sich geändert. Fast euphorisch war die nächste Eintragung wohl geschrieben worden. Der Filmer Daniel glaubte zu hören, wie die Jubelmusik hochgefahren wurde. Die Schrift schien zu tanzen, jedenfalls bildete Daniel sich das ein. Er ließ sich in den Sessel fallen.

Wir haben miteinander gesprochen! Es war wunderbar. Aber mein Herz hat geklopft. Gezittert vor Aufregung habe ich auch. Ob A. das gemerkt hat? Er war verlegen und hat gelächelt. Meinen Namen kennt er! Er sagt Mäschtild, weil er das H nicht richtig aussprechen kann. Das hört sich lustig an. A. kann ein bisschen Deutsch, seine Mutter stammt aus den Vogesen. Ich kann aber besser Französisch als er Deutsch. Als wir geredet haben, hörte sich das an wie eine Mi-

schung aus Esperanto und Kisuaheli. Wir haben gelacht. Ich habe das Ochsengespann geführt, A. hat mit einer langen Gabel die Weizengarben auf den Wagen geladen. Oben auf dem Wagen war die Sauterbäuerin. Sie wird es nicht verraten, dass ich mit A. gesprochen habe. Ihr Sohn ist in der Ukraine gefallen. Vor einem Monat hat sie die Nachricht erhalten. Sie weint viel, ihr Mann flucht.

Jetzt in der Erntezeit müssen die Franzosen auf den Höfen schaffen. Papa organisiert das. Ihm gehören die Höfe im Weiler, er hat sie an die Bauern verpachtet. Ich bin glücklich.

*

Wir haben uns verabredet! Nach dem Abendbrot am Krausen Kreuz. Da kann uns keiner sehen. Das Speicherhäuschen, wo die Franzosen untergebracht sind, wird zwar abends abgeschlossen, aber A. kann aus dem Fenster springen. Ich weiß, wie ich durch den Keller der Forstverwaltung heimlich aus dem Schloss verschwinden kann. Wenn bloß Konrad nichts merkt!

Daniel kam sich vor wie ein Spanner. Die nächsten Eintragungen las er eilig und kniff dabei die Augen zusammen. Selbsttäuschung. Als ob er dadurch die Wörter von Zärtlichkeit und Liebe nicht so genau wahrnehmen würde. Aber ging ihn diese Liebesgeschichte wirklich nichts an? Er ahnte doch längst, dass er letztlich ein Teil dieser Liebesgeschichte war, dass er sozusagen ein Nachtrag im Schlusskapitel war. Der Name in der Geburtsurkunde! Es konnte doch kein Zufall sein, dass das unehelich geborene Kind, dessen Vater angeblich unbekannt war, den altmodischen Namen Alfons bekommen hatte.

Die heimlichen Treffen beim Krausen Kreuz waren offenbar unbeobachtet geblieben. Krauses Kreuz – eine merkwürdige Bezeichnung. Daniel dachte intensiv an die alte Frau, die jetzt im Krankenhaus lag, und versuchte sich vorzustellen, wie sie als Mädchen wohl ausgesehen hatte. Schade, dass das Foto auf der Kennkarte gänzlich verblasst war.

Daniel las weiter und erfuhr, dass der junge Franzose Alphonse nach dem Dichter Alphonse Daudet seinen Taufnamen bekommen hatte. *Tartarin de Tarascon*: Daniel kannte den komischen Roman. Alphonse hatte diese Geschichte dem Mädchen Mechthild anscheinend erzählt. Da war im Tagebuch auch erwähnt, dass Alphonses Vater diesen Schriftsteller sehr verehrte, dass die Eltern Weinberge in Burgund besaßen und dass Alphonse nach dem Krieg auch Weinbauer werden wollte. Von einer Mühle stand da etwas, die keine Flügel mehr hatte und die Alphonse zu einer wunderbaren Wohnung ausbauen wollte. Die Sache war klar: Mechthild hatte sich entschlossen, so bald wie möglich mit Alphonse nach Frankreich zu verschwinden.

Daniel blätterte weiter. Der eingeklebte Zettel konnte von einem Zeitungsrand stammen. Eine andere Handschrift, Bleistiftbuchstaben: *C'est pas bon pour ton coeur, tu sais? – Mort du blé.* Daniel hatte keine Mühe, den Satz zu übersetzen: Das ist nicht gut für dein Herz, weißt du?

Und *blé?* Daniel musste kurz nachdenken. Getreide, Korn, Weizen. Tod des Getreides? Tod des Weizens klang besser. War das ein Zitat aus einem Buch? Sie schienen viel über Literatur geredet zu haben. Daniel nahm die Namen wahr in den Zeilen: Heine, Balzac, Dostojewski, Lessing, Zola … Ach ja, und Annette von Droste-Hülshoff. Das Gedicht von dem Knaben im Moor, das passte ja zu dem Moorgebiet, in dem Alphonse Torf abbauen musste.

Dann war da wieder ein Zettel eingeklebt, wieder die andere Handschrift. Daniel kannte den Ohrwurm, alle vier Strophen, den hatte er im Schulchor gesungen. Ob auch Mechthild und Alphonse dieses Lied miteinander gesungen hatten, vielleicht am Waldrand im Gras liegend?

Au clair de la lune, mon ami Pierrot,
prête-moi ta plume pour écrire un mot!
Ma chandelle est morte, je n'ai plus de feu.
Ouvre-moi ta porte, pour l'amour de Dieu!

Offensichtlich hatten sie auch *La cigale et la fourmi* rezitiert. Na also, die gleichen Texte in französischen und in deutschen Schulen. Aber die Schüler sollten sich gegenseitig hassen. Dass die Kriegstreiber so leicht die Menschen pervertieren konnten! Bei Mechthild und Alphonse war es ihnen jedenfalls nicht gelungen.

Ich konnte das Gedicht besser als A. Wir haben gestritten, wer von uns die Grille ist und wer die Ameise. Das war lustig.

Jetzt fliegen oft gewaltige Bomberverbände über den Himmel. Amerikanische oder englische. Dann dröhnt das ganze Land. Ich fürchte mich. A. sagt, das sei ein Zeichen für das baldige Ende des Krieges. Die deutsche Flugabwehr sei längst machtlos. Im Osten hätten die Russen die deutschen Einheiten vernichtend geschlagen, vom Westen her kämen bald die alliierten Truppen über das Meer. Die sechs Franzosen haben geheime Informationen. Ich weiß nicht, woher. A. darf das nicht verraten. Mein Bruder sagt aber was ganz anderes. Die Schlacht von Stalingrad sei gar nicht wirklich verloren worden, das sei ein geordneter Rückzug gewesen, eine taktische Meisterleistung der Heeresführung. Und der Führer wird bald eine neue Wunderwaffe einsetzen, behauptet Konrad. Ich glaube ihm aber nicht. Manchmal kommen fremde Männer ins Schloss. Einige haben SA-Uniformen an. Sie halten geheime Beratungen mit Papa ab. Es hat bestimmt mit dem Krieg zu tun.
Die Franzosen sind bei der Apfelernte eingesetzt worden. Die Jungen der Oberklassen unserer Schule mussten Soldaten werden. Die meisten haben sich gefreut und waren mächtig stolz, ein paar nicht. Es ist auf einmal alles so anders.

*

Wir treffen uns nicht mehr beim Krausen Kreuz. Es ist kalt geworden. Ich habe eine Wolldecke und Kerzen in einen der Sandkeller am Hang gebracht. A. schleicht sich durch den Wald, das ist nicht leicht in der Dämmerung. Ich warte dann schon auf ihn. Wir müssen unheimlich gut aufpassen, denn es könnte plötzlich jemand kommen.

*

Gestern Abend haben wir es getan. Wir sind beide katholisch, doch wir glauben nicht, dass es eine Sünde ist. Wir lieben uns doch so sehr! Wenn wir in Frankreich sind, wollen wir sofort heiraten. Es hat kaum wehgetan. Ich habe vor Freude geweint. Alphonse war so zärtlich. Er hat gesagt, jetzt sind wir Mann und Frau und werden für immer zusammenbleiben. Es hat ein bisschen geblutet. Ich habe die Hausaufgaben nicht gemacht. Im Kopf habe ich glückliche Gedanken. Alles wird gut, das weiß ich.

Ein Sandkeller war also das neue Liebesnest. Unter einem Sandkeller konnte Daniel sich nichts Konkretes vorstellen. Meckys erstes Mal! Daniel schluckte das Schamgefühl herunter, fühlte aber trotzdem, dass seine Ohren brannten. Er überblätterte die nächsten Seiten, nahm nur ungefähr wahr, dass Worte von Liebkosungen und Körpernähe, von Zukunftsglück und Gegenwartsängsten aufgeschrieben waren. Zu intim, diese Sätze. Oft kam das Wort Hoffnung vor.

Dann begannen die knappen Eintragungen, hastig hingekritzelt mit einem Bleistift, nur schwer zu entziffern. Die Beklemmungen des Mädchens Mechthild übertrugen sich auf Daniel. Ach, Mecky, dachte er, du hast Recht. Was du in deinem Leben schon alles ausgehalten hast!

Blutungen sind schon zweimal ausgeblieben. Alphonse spricht mir Mut zu, aber er macht sich große Sorgen, das spüre ich. Es hat geschneit. Konrad hat mit Eugen von der Försterei gewettet, dass der Endsieg unmittelbar bevorstehe. Das darf nicht stimmen! Wir können dann doch nicht nach Frankreich. Ich bete.

*

Ein Mann von der Geheimen Staatspolizei ist aus der Kreisstadt gekommen und hat lange mit Vater in der Bibliothek geredet. Ich darf nicht mehr in die Schule. Mama spricht nicht mehr mit mir, guckt immer wieder auf meinen Bauch. Man kann aber nichts sehen, die Kleider passen mir noch.

*

Konrad weiß alles! Hat er uns belauert??? Gefahr. Ich muss A. warnen. Aber ich kann mich doch jetzt nicht mit ihm treffen. Zofia sollte ihm heimlich eine Nachricht bringen, sie hat ihn aber nicht gesehen. Nirgendwo. Wo ist er?

*

Ich habe gelauscht. Sie haben über mich geredet. Mama hat laut geweint. Vaters Stimme war so bedrohlich. Konrad hat ›eliminieren‹ gesagt, vielleicht habe ich es auch falsch verstanden. Was soll jetzt werden? Ich bin verzweifelt. Lieber Gott, hilf mir!

*

Mit Mama musste ich zu einem Arzt fahren. Da sollte ich mich ausziehen. So ein schrecklicher Stuhl. Der

Arzt hat mich untersucht, das war schlimm. Sie wollen mich wegschicken. Ich soll bei Mamas Cousine wohnen, die kenne ich gar nicht. Im Ruhrgebiet irgendwo.

*

Alphonse, wo bist du? Ich kann doch nicht ohne dich –

Schluss. Mitten im Satz abgebrochen. Ende des Tagebuches. Daniel fühlte sich erschöpft und schwindlig. Er legte das Tagebuch zurück in die Schatulle und ließ das Schloss zuschnappen. Mitternacht war vorüber. Daniel klimperte noch eine Weile nachdenklich auf der Gitarre.

Er schlief schlecht in dieser Nacht. Zu viel Bier getrunken. Er schluckte Aspirin, aber das wirkte nicht. Sein Körper war müde, doch im Kopf brannte noch Licht.

Plötzlich stand der Entschluss ihm klar vor Augen: Er wollte das Schloss sehen. Er brauchte Bilder davon.

SIEBEN STUNDEN REGEN

Sie hatte schon Kontakte geknüpft. Eine junge Krankenschwester kam gelaufen, als Daniel verdutzt vor dem leeren Bett stand, und informierte ihn, dass Frau Selbherr sich im Café aufhalte, das befinde sich im ersten Stockwerk. Dort saß Oma Mecky mit zwei anderen Patientinnen am runden Tisch beim Mensch-ärgere-dich-nicht-Spiel. Der geschiente Arm war durch eine Halsschlinge fixiert. Die drei Frauen hatten große Eisbecher vor sich. Oma Mecky legte den Würfel auf das Spielbrett, als sie Daniel sah. Daniel fand, dass sie frischer und munterer wirkte als am Vortag.

»Hi, Mecky! Geht's dir besser?«

»Das ist mein Enkel Daniel«, sagte Oma Mecky. »Er hält es nicht für nötig, auch Sie zu begrüßen. So sind die jungen Leute heutzutage. Keine Manieren.«

»Guten Morgen, die Damen!« Daniel grinste.

Oma Mecky fragte: »Warum hast du denn den großen Koffer mitgebracht? Willst du verreisen?«

»Ich bin echt ein Dödel!« Daniel klopfte sich an die Stirn. »Den hätte ich doch in deinem Zimmer lassen können. Ich dachte, der ist ein bisschen eleganter als die Mülltüte. Ich meine, wenn du wieder nach Hause kommst.«

»Das wird noch ein Weilchen dauern, fürchte ich. Hast du die Bücher mitgebracht?«

»Logo. Sie liegen auf deinem Bett. Brauchst du sonst noch irgendwelche Sachen? Ich hab nämlich vor ...«

Die Frau mit dem Kopfverband unterbrach ihn. »Wollen Sie sich nicht zu uns setzen, junger Mann? Möchten Sie auch einen Eisbecher?«

Daniel zog sich einen Stuhl heran. Als die Bedienung kam, bestellte er einen doppelten Espresso. Er warf seiner Großmutter scheue Blicke zu und versuchte, in ihren Gesichtszügen das Bild des Mädchens Mechthild zu erahnen, doch es gelang ihm nicht. Das schmale Gesicht mit der markanten Nase war ihm seit seiner Kindheit als unveränderlich vorgekommen, als habe die Frau nie anders ausgesehen und als werde sie nie anders aussehen: eine Indianerin mit einer Spur von Spott um den Mund. Er mochte ihre spröde Zärtlichkeit, sie hatte nie die schmusende, betuliche Oma gespielt und auch nicht die Ersatzmutter.

»Was ich gerade sagen wollte ... Ich hab vor, für drei, vier Tage zu verduften – wo wir ja nicht zum Bodensee fahren können. Ist das okay?«

»Aber sicher. Meinst du etwa, du müsstest jeden Tag kommen, um mir das Händchen zu halten? Tut mir so

Leid, dass durch meine Schusseligkeit unsere Urlaubsreise geplatzt ist. Was hast du denn vor?«

»Locations, verstehst du? Ich will schon mal nach Drehorten für unser Projekt suchen.«

Oma Mecky erklärte ihren zwei Mitspielerinnen, dass Daniel ein enthusiastischer Filmemacher sei und schon allerlei Erfolge aufzuweisen habe. Da staunten die Damen.

Daniel stellte die Frage, obwohl ihm klar war, dass sie hinterhältig und unfair war, doch er hatte sich ja ohnehin schon zu weit vorgewagt: »Sag mal, Mecky, kennst du irgendwo ein spannendes Moorgebiet, so was Geheimnisvolles? Wir wollen nämlich einen echt spukigen Streifen drehen, was zum Gruseln, natürlich nicht einfach nur Horror, mehr so mit satirischen Akzenten.«

Oma Mecky kicherte. »Frag mich was Leichteres, Junge! Mit Mooren kenne ich mich wirklich nicht aus. Absolute Fehlanzeige. Moore sind mir zu unheimlich. – Was ist übrigens mit dem Ferienhäuschen? Hast du dort angerufen?«

So dämlich kann auch nur ich sein, dachte Daniel und schämte sich seiner naiven Fangfrage. Er konnte doch nicht wirklich geglaubt haben, Oma Mecky würde ihm etwas vom Aulenwalder Ried erzählen. Er sagte: »Ja, ich hab vorhin mit der Vermieterin verhandelt. Sie lässt sich aber auf nix ein. Auf die Schnelle würde sie keinen Ersatzmieter finden. Sorry, Mecky, ich schätze, das Geld ist futsch.«

»Hast du denn keine Lust, mit ein paar Freunden …«

Daniel winkte ab. »Die haben alle was anderes vor und Tina fliegt nach England. Und was soll ich allein am Bodensee? Nee, danke. Ich mach mich dann jetzt mal auf die Socken.«

Oma Mecky erteilte noch ein paar Anweisungen. Er solle Frau Wittkamp bitten, den Postkasten zu leeren und die Blumen zu gießen, und es dürfe nichts Verderbliches im Kühlschrank liegen bleiben. Außerdem solle Daniel peinlich darauf achten, dass alle Fenster geschlossen seien. »Und wenn du den Koffer in mein Zimmer bringst, dann notier dir meine Durchwahlnummer. Ich hoffe doch, dass du mich von unterwegs mal anrufst.«

»Na logisch.«

Erst jetzt wurde der Espresso gebracht. Daniel schlürfte ihn hastig. Den Keks, der dabeilag, aß er nicht. »Bezahlst du für mich, Mecky?«

»Na logisch.«

Daniel strich behutsam über den geschienten Arm. »Bring das schnell in Ordnung, ja?«

»Fahr vorsichtig, Daniel, und pass auf dich auf!«

Die Frau mit der bandagierten Schulter würfelte. Das Spiel ging weiter. Von der Tür her winkte Daniel noch einmal, das sahen die Spielerinnen aber nicht mehr.

Es war stickig heiß im Auto. Daniel schaltete die Klimaanlage ein und manövrierte den Astra vom überfüllten Krankenhausparkplatz. Reisevorbereitungen waren angesagt. Er fuhr zum Tanken, prüfte Ölstand und Reifendruck und zog Bargeld beim Sparkassenautomaten. Zu

Hause packte er die Reisetasche und überprüfte die Kameraausrüstung. Der Bestand an Kassetten war ausreichend. Dann ging er hinüber zum Nachbarhaus und sprach mit Frau Wittkamp. Sie hatte einen Schlüssel zu Oma Meckys Haus.

Sollte er jetzt losfahren? Es war erst später Vormittag. Doch als Daniel sich im Autoatlas die Reiseroute anschaute, stellte sich die Frage nicht mehr. Am Frankfurter Kreuz in Richtung Stuttgart, dann weiter auf der Autobahn auf Ulm zu, Abfahrt Berkheim – und dann lagen noch viele Kilometer auf Straßen und Sträßchen vor ihm. Er würde in den Freitagnachmittagverkehr geraten, Staus ohne Ende, dazu die schwüle Hitze … Davor grauste ihm, er war noch kein geübter Fahrer, weiter als nach Köln war er bisher nicht auf der Autobahn gefahren. Es war eindeutig sinnvoller, früh am Samstagmorgen aufzubrechen.

Bange Erwartung? Ängstliche Neugier? Fieberhafter Forscherdrang? Daniel suchte nach Begriffen für das Gefühl, das ihn beunruhigte. Dann dachte er: Alles Quark! Ich brenne darauf, mehr über Meckys Schicksal zu erfahren, denn es ist auch das Schicksal meines Vaters und mein Schicksal. Was ist damals mit dem Mädchen Mechthild geschehen und mit dem jungen französischen Kriegsgefangenen – mit meinem Großvater? Das Schloss der Kindheit, von dem Mecky geträumt hatte: Ich will es sehen!

Daniel musste sich beschäftigen, um den Nachmittag nicht mit dumpfen Grübeleien zu verplempern. Er suchte

CDs für die lange Fahrt heraus. Sting, U2, Eric Clapton, Jimi Hendrix. Ein wenig Nostalgie durfte ruhig sein, darum auch Scheiben von den Rolling Stones. Und ein Buch brauchte er, falls er nicht einschlafen würde in einem fremden Bett. Oma Mecky hatte ihm von Thomas Wolfe vorgeschwärmt. Also holte er sich *Schau heimwärts, Engel!* aus dem Bücherregal im Wohnzimmer.

Anschließend holte er den Rasenmäher aus dem Keller und machte sich fast wütend über die kleine Wiesenfläche im Garten hinter dem Haus her. Der süße Geruch aus Büschen und Stauden kam ihm auf einmal widerlich vor. Der Himmel verfinsterte sich mehr und mehr, kein Windhauch bewegte die Luft. Gewitterwürmchen erzeugten Juckreiz auf Daniels verschwitzter Haut. Dicke Hummeln kreisten zwischen den Rosenstöcken.

Zurück ins Haus! Dies war kein Wetter für Gartenarbeit. Daniel schaute im Kühlschrank nach. Er fand Wurstscheiben, Käsestücke und eine gebratene Hähnchenkeule. Ohne Appetit futterte er so viel, wie er konnte, einfach aus der Hand, den Rest warf er in die Biotonne. Schinken und Salami würden so leicht nicht verschimmeln, davon konnte er zum Frühstück essen. Gierig trank er eine Flasche Mineralwasser leer.

Im Westen flackerte erstes Wetterleuchten, fernes Grummeln war zu vernehmen. Daniel duschte und ließ sich nackt auf sein Bett fallen. Da waren Fragen, die seit Stunden sein Gehirn beschäftigten: Hatte Oma Mecky, abgesehen von den monatlichen Geldüberweisungen, noch irgendwelche Kontakte zu ihrer alten Familie? War die Namensänderung von 1944 vielleicht ein Indiz dafür, dass man sie aus dem Klan der Grafen von Selbherr ausgeschlossen und ihren ursprünglichen Namen sozusagen aus dem Stammbaum getilgt hatte? Hatte ihr Sohn Alfons das Schloss Aulenrith jemals betreten oder zumindest von außen gesehen? Wieder stellten sich Ratlosigkeit und Zorn ein. Warum hat Vater mir seine Herkunft verschwiegen, warum hat er mich belogen?

Daniel sprang vom Bett auf und trat ans Fenster. Die unheimliche Dunkelheit, die aus den Bäumen zu fallen schien, erzeugte Herzklopfen. Es war doch erst Nachmittag. Die Unterseite der tief hängenden Wolkenschicht schimmerte da und dort in fahlem Gelb, als spiegelten sich Lichtbündel imaginärer Scheinwerfer.

Dann knallten grelle Blitze, dann dröhnten ohrenbetäubende Donnerschläge, dann jaulten jähe Windstöße, dann prasselte der Regen mit Sturzbächen und Hagelschauern.

Die Sintflut, dachte Daniel, das ist die Sintflut. Die Welt geht unter. Die Fensterscheiben zitterten. Er zog die Vorhänge zu.

Es war ein grauer Morgen mit Dauerregen. Daniel musste höllisch aufpassen. Unter manchen Autobahnbrücken war das Wasser von den Wolkenbrüchen der vergangenen Nacht noch nicht ganz abgeflossen. Aber es herrschte nur geringer Verkehr, und so kam er zunächst zügig weiter. Das Klick-klack-klick-klack der Scheibenwischer verunsicherte ihn. Manchmal fühlte er sich wie blind, Anfänger, der er war, wenn Raser an ihm vorbeischossen und den Astra mit einem Wasserschwall bespritzten.

Dann kam die Ernüchterung. Am Leverkusener Kreuz hatte sich ein zäher Stau gebildet. Eindeutig hatte das mit dem Ferienbeginn in Nordrhein-Westfalen zu tun, wenn auch die meisten schon an den Vortagen losgefahren waren. Cool bleiben!, sagte Daniel sich immer wieder. Vor sich hatte er ein breites Wohnmobil, im Offroader nebenan balgten sich Kinder auf dem Rücksitz. Cool bleiben!

Irgendwann ging es weiter, dann war wieder Schritttempo angesagt. Trotz der Ferienzeit gab es Baustellen. Daniel nahm es gelassen, er hatte ja Zeit. Die Landschaft des Westerwaldes kroch trostlos im Regen vorbei. Als er gegen Mittag das Frankfurter Kreuz erreichte, starrte er gebannt auf die blauen Schilder. Stuttgart! Immer auf Stuttgart achten, bloß nicht falsch einordnen.

Er rieb die schweißnassen Hände an den Hosenbeinen ab und massierte den verspannten Hals. Der Dauerregen nervte. Zweifel kam auf. War die Idee zu dieser Reise doch nicht so gut gewesen? »Werd jetzt bloß nicht schwach, du Weichei!«, knurrte Daniel und drehte die Musik lauter. Steve Wickham spielte die elektrische Violine zu Bonos *Sunday, bloody sunday*. Daniel sang mit.

Noch immer bewegte sich die Autokarawane nur zäh, kam ins Stocken, rollte weiter. Der Rhythmus der Scheibenwischer schien sein Hirn zum Vibrieren zu bringen.

Daniel musste pinkeln. Er steuerte die nächste Raststätte an. Eigentlich wollte er auch den Tank auffüllen, doch als er die Schlangen vor den Zapfsäulen sah, resignierte er. Der Sprit würde bis zur Ausfahrt von der Autobahn reichen. Im Restaurant stellte er sich beim Buffet in die Wartereihe und kaufte sich ein Mettbrötchen und einen Becher Milchkaffee. Neben zwei Truckern mit müden Augen, die wortkarg über die Sondererlaubnis für Wochenendfahrten sprachen, fand er einen freien Stuhl. Er aß und trank eilig, stieg wieder in das Coupé und fädelte den Wagen in den gigantischen Wurm ein. Beim Dreieck Leonberg, wo zwei Autobahnen zusammentrafen, durchlitt Daniel so etwas wie eine klaustrophobische Krise. Er fühlte sich von allen Seiten umzingelt. Cool bleiben!

Irgendwann, er achtete längst nicht mehr auf die Uhrzeit, erreichte er die Ausfahrt Berkheim. Große Erleichterung, tiefes Durchatmen. Er tankte am Rande eines Dorfes und schaute sich noch einmal intensiv die Route an, die er auf der Karte markiert hatte. Die Verkrampfung war verflogen, Daniel ließ den Wagen gemächlich rollen. Wenn doch nur der verdammte Regen aufhörte!

Die Landschaft war wie von Nebel verhangen. Felder, Wiesen und Waldungen wirkten grau, die Ortschaften, durch die er fuhr, kamen ihm trostlos vor. Das Schwabenland hatte er sich heiter vorgestellt.

Daniel verfuhr sich nur zweimal. Vielleicht war die Beschilderung dürftig gewesen, vielleicht hatte er nicht aufgepasst.

Freundliche Leute wiesen ihm den Weg. Das Hügelland wirkte beruhigend. Auf ausgedehnten Wiesen weideten braune Kühe mit spitzem Gehörn. Einige Felder waren schon abgeerntet. Zwischen Reklameschildern sah Daniel auch Bildstöcke am Straßenrand.

Es war wie Hohn. Daniel hatte das Gefühl, dass sich irgendwer oder irgendwas über ihn lustig machte. Sieben Stunden Regen hatte er hinter sich, doch jetzt, wo er sein Ziel erreicht hatte, blitzten Sonnenstrahlen durch die Tintenwolken. Das Licht wirkte künstlich wie Bühnenbeleuchtung. Das schmucke Städtchen sah aus wie frisch gewaschen. Den Kirchturm mit dem Satteldach krönte ein Storchennest. Kinder radelten jauchzend durch Pfützen. Daniel fuhr langsam auf den Marktplatz mit dem Ritterstandbild in der Mitte. Vor dem Gasthaus *Zum goldenen Lamm* standen mehrere Autos. Daniel fand leicht eine Parklücke.

DAS SCHLOSS AM MOOR

Als Daniel den Schankraum betrat, verstummten jäh die Gespräche am Tresen. Der Pulk der Trinker, zwölf, dreizehn Männer, starrte ihn an. Es war plötzlich so still, dass Daniel die Wanduhr ticken hörte. An den Tischen saß niemand. Daniel fühlte sich unwohl in seiner Haut. Die Situation war für ihn neu. In den Gesichtern der Gaffer stand deutlich die Frage: Was will der hier?

Fast zaghaft wandte Daniel sich an die junge Frau, die den Zapfhahn bediente. Unter ihrer dünnen weißen Bluse zeichneten sich deutlich die Brüste ab. »Guten Tag!«

»Grüß Gott!« Die Frau wischte sich die Hände an der kleinen Schürze ab und strich die blonde Haarsträhne aus dem Gesicht. »Kann ich Ihnen helfen?«

»Ich wollte fragen, ob Sie ein Zimmer frei haben. So für zwei, drei Tage. Vielleicht etwas länger.«

»Einzelzimmer oder Doppelzimmer?«

Daniel glaubte ihren lauernden Blick deuten zu können, das verunsicherte ihn noch mehr. Solch ein junger Spund fragt nach einem Zimmer? Was hat der in unserer Stadt zu suchen? Braucht der vielleicht ein Liebesnest? »Einzelzimmer«, sagte er.

»Wir haben noch was frei. Wollen Sie sich's anschauen?«

»J-j-ja klar, natürlich.«

Die Frau nahm einen Schlüssel vom Schlüsselbrett und hielt eine Schwingtür neben der Theke auf. *Zu den Gästezimmern* stand auf dem Messingschildchen. Daniel streifte ihren Busen, als er sich durch den Türspalt drückte. Das war ihm peinlich. Sie stieg vor ihm die Treppe hinauf. Wie auf Kommando setzte unten am Tresen das Geplapper wieder ein. Daniel vermutete, dass die neugierigen Männer über ihn redeten.

Für Zwerge, dachte Daniel, ein Zimmer für Zwerge. Niedrig die Decke, das altmodische Bett eindeutig zu kurz für seine langen Beine, lächerlich das Plüschsesselchen. Ein Viertel des Raumes war zur Nasszelle umfunktioniert worden. Daniel vermutete, dass dieses Zimmer früher einmal die Mägdekammer gewesen war. Immerhin gab es einen kleinen Fernsehapparat auf einem Wandbord. Es roch muffig. Die pinkfarbene Rautentapete kam einer Beleidigung nahe. Über der Tür hing ein handgroßes Kruzifix, hinter den aus Blech gestanzten Korpus war ein Buchsbaumzweig geklemmt. Dann fiel Daniels Blick auf das Bild neben dem schmalen Schrank.

Das Schloss!

Es war eine aquarellierte Kohlezeichnung mit bunten

Blümchen im Vordergrund, akkurat gemalt, aber ohne Ausstrahlung. Doch das Schloss erkannte Daniel sofort. Für Sekunden hielt er den Atem an.

»Schönes Bild«, sagte er. »Gibt's dieses Schloss hier irgendwo in der Nähe?«

»Das ist Schloss Aulenrith.« Die junge Frau zeigte in Richtung Fernsehgerät. »Nur ein paar Kilometer entfernt. Vor dem Aulenwalder Ried.«

»Toll! Das werde ich mir anschauen.«

»Sie können aber nicht hinein. Die Grafen von Selbherr bewohnen es. Da ist Zutritt für Fremde verboten.«

»Grafen?« Daniel grinste spöttisch. »Es gibt doch keine Grafen mehr. Der Adel ist abgeschafft. Seit dem Ende des Ersten Weltkrieges ...«

Die Frau unterbrach ihn voll Eifer. »Doch, da wohnen richtige Grafen drin in dem Schloss. Der alte Graf und der junge Graf. Ich kenne sie doch!«

»Okay.« Daniel hatte keine Lust auf eine Diskussion, außerdem wurden die Männer unten am Tresen unruhig. Daniel hasste diesen primitiven Kneipenhumor, der durch die Zusammenrottung Angetrunkener entstand.

»Daniela, wo bleibst du? Wir verdursten!« – »Lass die Finger von dem Bürschle!« – »Kannst ihn später vernaschen!« – »Wir machen jetzt Selbstbedienung!« Wieherndes Gelächter. Daniel konnte sich die feixenden Grimassen genau vorstellen.

Daniela wurde nervös. »Ist Ihnen das Zimmer recht?«

»Ja, ja, ist mir recht. Ich hol mir dann mal meine Tasche aus dem Wagen. Gibt's auch was zu essen bei Ihnen?«

»Aber klar doch.« Daniela gab ihm den Zimmerschlüssel. »Die Küche ist ab achtzehn Uhr geöffnet.«

Die Frau eilte nach unten. Daniel öffnete das Fenster. Würzige Luft, frisch und kühl nach dem Regen, floss ins Zimmer. Eine Weile noch schaute Daniel auf das Bild, dann ging er hinunter, um die Reisetasche und die Filmausrüstung zu holen. Die Blicke der Trinker ließ er an sich abtropfen. Der Block mit den Anmeldeformularen lag schon bereit. Er möge sich bitte eintragen, forderte Daniela. So etwas war für Daniel neu. Beinahe hätte er seinen richtigen Namen hingeschrieben. Selbherr: das hätte noch gefehlt! Er überlegte nicht lange und lieh sich Bettinas Nachnamen aus. Daniel Michels, warum nicht Daniel Michels? Also.

Wieder im Zimmer zurück duschte er ausgiebig, zum Schluss ließ er eiskaltes Wasser über seinen Körper rinnen, bis er es nicht mehr aushalten konnte. Dann zog er sich eine frische Unterhose und ein anderes T-Shirt an und legte sich auf das Bett. Es war in der Tat zu kurz, er musste die Beine anziehen. Die Verkrampfung der langen Autofahrt löste sich. Er genoss das Vogelgezwitscher und die Schläge der Kirchturmuhr. Merkwürdige Heiterkeit überkam ihn. Er überlegte, wie das wohl im verwandtschaftlichen Verhältnis zu Oma Mecky einzuordnen war: der alte Graf und der junge Graf. Und welche Rolle spielte er selber in dieser Linie? Das würde sich herausstellen. Jetzt hatte Daniel erst einmal Hunger.

Die Trinkerreihe am Tresen hatte sich erheblich gelichtet. Vermutlich waren die meisten Männer zum Abendessen nach Hause gegangen. Daniela war verschwunden, ein breitschultriger Mann mit schütterem Grauhaar und in einem groß karierten Hemd, das über der Brust spannte, bediente jetzt den Zapfhahn. Von den sechs Tischen im Restaurant waren zwei besetzt. An einem saß ein älteres Paar beim Essen. Daniel vermutete, dass es sich bei dem grün-gelben Getränk in den Bechergläsern um Most handelte. Den runden Tisch unter dem Herrgottswinkel bevölkerte eine kinderreiche Familie. Daniel setzte sich an einen Fenstertisch, damit er nach draußen schauen konnte. Er lauschte dem lebhaften Schwatzen der fünf Kinder, die um die Entscheidung für Pommes oder für Spätzle stritten. Sie schwäbelten herrlich. Daniel musste unwillkürlich daran denken, dass das Mädchen Mechthild damals wahrscheinlich ähnlich gesprochen hatte. Oder war bei Schlossbewohnern Dialekt verpönt?

Daniel schrak aus seinen Gedanken auf, als plötzlich die Frau neben ihm stand und ihm die Speisekarte hinhielt. Ihr Brillengesicht strahlte Fröhlichkeit aus.

»Willkommen im Goldenen Lamm, Herr Michels! Ich hoffe, Sie werden sich in unserem Hause wohl fühlen. Haben Sie einen guten Appetit mitgebracht?«

Herr Michels? Daniel stutzte, begriff dann. »Ja, ja, hab ich. Nach so einer langen Autofahrt.« Er nahm zögernd die Karte, legte sie aber auf den Tisch. »Ich würde ganz gern was Typisches essen, ich meine, so 'ne Art Spezialität. Was eben für diese Gegend typisch ist.« Er grinste verlegen. »Ich bin bisher noch nie im Schwabenland gewesen.«

Die Frau drohte neckisch mit dem Finger. »Noch nie im Schwabenland? Das kann ich Ihnen ja kaum verzeihen. Da wird's aber allerhöchste Zeit. Wie wär's denn mit Maultaschen in Fleischbrühe? Das ist ganz was Schwäbisches.«

»Maultaschen?« Als die Frau hell auflachte, spürte Daniel es selber, dass er ein ziemlich törichtes Gesicht gezogen hatte. »Was sind denn Maultaschen?«

Die Frau erklärte es lebhaft. »Die sind aus Nudelteig, so ähnlich wie die italienischen Ravioli, aber viel größer. Ungefähr so.« Sie zeigte es mit den Händen. »Wir machen sie mit einer ganz besonderen Füllung aus Hackfleisch und Spinat und hauseigenen Kräutern. Ganz frisch alles.«

Daniel zögerte. »Ich weiß nicht …«

»Ich könnte Ihnen auch unseren schwäbischen Zwiebelrostbraten empfehlen. Handgeschabte Spätzle dazu, gemischter Salat und zuvor ein Flädlesüpple. Am besten mundet dazu ein Apfelmost aus unserem eigenen Keller.«

Daniel fühlte sich überredet. Also: Flädlesuppe – was immer das war, Zwiebelrostbraten mit Spätzle und Salat. Und Apfelmost war auch okay. Hauptsache schwäbisch, das alles. Er befand sich ja auf Spurensuche.

Die Suppe wurde schon nach Minuten serviert. Daniel war zuerst ein wenig enttäuscht, denn die Flädle entpuppten sich als Pfannkuchenstreifen. Aber als er dann zu löffeln begann, stellte sich Wohlbefinden ein. Die

Suppe schmeckte vorzüglich. Dann kam die große Pause. Die Familie gab die Bestellungen auf mit tausend Sonderwünschen der Kinder. Wahrscheinlich war man in der Küche erst einmal überfordert. Daniel bekam seinen Apfelmost, der war kühl und angenehm herb, aber er machte auch schläfrig. Als dann nach ungefähr einer Stunde ein schwitzender Küchengehilfe den Rostbraten brachte, war Daniels Hunger fast verflogen. Und der Anblick ließ ihn resignieren. Zu groß der Salatteller, zu groß der Zwiebelhaufen auf dem Fleisch, zu groß die Spätzlemenge. Lustlos begann er zu essen.

Die Frau, die offenbar die Wirtin war, setzte sich zu ihm an den Tisch und nahm die Brille ab. »Ist alles recht, Herr Michels? Ich wünsche Ihnen einen guten Appetit.«

»Danke. Es schmeckt vorzüglich. Aber solche Portionen! Ich fürchte, das werde ich nicht alles schaffen.«

»Aber, aber! In Ihrem Alter muss man doch tüchtig zulangen. Ich habe das Kennzeichen von Ihrem Auto gesehen. Sie kommen aus Essen. Das liegt ja im Ruhrgebiet.«

Daniel musste sich Mühe geben, bei dieser scharfsinnigen Bemerkung nicht zu grinsen. »Ja, das liegt im Ruhrgebiet.«

»Darf man fragen, was Sie in unser Städtle geführt hat? Sind Sie auf Besuch hier?«

Auf neugierige Fragen war Daniel vorbereitet. »Mich interessiert das Aulenwalder Ried. Von einem Bekannten hab ich erfahren, dass dieses Moor noch in einem ziemlich ursprünglichen Zustand ist. Ich bin auf der Suche nach geeigneten Drehorten.«

Da machte die Frau vor Staunen Stielaugen. »Sind Sie etwa in der Filmbranche tätig? Jesses!« Doch da klang auch eine Spur von Zweifel mit. Der ist doch noch so jung!

Daniel wischte sich den Mund ab und trank den letzten Schluck Most. »Filmbranche wär übertrieben. Ich studiere Regie an der Internationalen Filmschule in Köln. Und da geht es um ein Projekt für die Oberhausener Kurzfilmtage. Für einige Szenen brauche ich eine Moorlandschaft und da will ich mich mal hier im Ried umsehen«, schwindelte er.

Die Frau schlug die Hände zusammen. »Das hört sich ja äußerst interessant an, was Sie da erzählen. Da wünsche ich Ihnen viel Erfolg. Ich bin übrigens die Frau Lehleitner. Darf ich Ihnen noch einen Most bringen?«

»Lieber 'ne Cola.«

Frau Lehleitner eilte zum Tresen. Daniel stellte fest, dass die schmale Frau gesäßlastig war, das sah witzig aus. Sie tuschelte mit dem Mann hinter der Theke. Klar, die Neuigkeit musste sie weitergeben. Hollywood ante portas! Daniel pickte sich die Tomatenstücke aus dem Salat.

Die Frau kam zurück mit der Cola und brachte auch einen Schnaps mit. »Der Obschtler geht aufs Haus. Die Mahlzeit setzen wir auf die Zimmerrechnung, gell?« Sie setzte die Brille wieder auf und sagte leise und fast verschwörerisch: »Sie haben sicher bemerkt, dass es bei uns ein wenig bescheiden zugeht, was die Fremdenzimmer betrifft. Aber das wird sich bald ändern.« Sie deutete mit dem Kopf auf den Bierzapfer. »Mein Mann hat große Pläne. Umbau hier im Haus und dazu einen Anbau mit ganz modernen Zimmern. Eine wissenschaftliche Analyse hat nämlich ergeben, dass unsere Moorerde Heilkräfte besitzt. Der junge Graf hat die Untersuchung in Auftrag gegeben. Da wird sich in unserer Gegend manches tun. Tourismusmäßig und so. – Aber Sie essen ja gar nicht! Jetzt störe ich Sie auch noch beim Essen! Wir werden gewiss noch Gelegenheit haben, ein bissle zu plaudern.«

Die Wirtin stand auf. Neue Gäste waren gekommen, um die musste sie sich kümmern. Plötzlich säuselte Musik aus den Lautsprechern unter der Decke. Heimatlieder. Daniel schüttete den Schnaps heimlich in die Blumenvase. Er schnitt sich noch ein Stück vom Braten ab und aß ein paar Spätzle, dann gab er auf. Als er die Cola hinuntergestürzt hatte, stand er auf und verließ das Lokal, weil er unbedingt Bewegung brauchte.

Samstagabendstimmung einer kleinen Stadt. Aus vielen Fenstern fiel das Licht von Fernsehbildschirmen, Gelächter und Gerüche von Grillpartys wurden vom leichten Abendwind durch die schmalen Straßen getragen, Disco-Rhythmen dröhnten aus einem Tanzschuppen, da und dort werkelten Leute in den Beeten der Vorgärten, auf dem Marktplatz knatterten Mopedfahrer ihre Rennrunden und auf der Brücke über den seichten Fluss führte eine Entenmutter ihre Küken spazieren. Im nassen Gras der Uferwiese kickte grölend eine Hand voll junger Fußballer und auf der Kirchentreppe schmusten Pärchen.

Hinter den dünnen Wolkenstreifen im Westen leuchtete ein mildes Abendrot. Daniel fühlte sich auf einmal sehr einsam. Er schlenderte zurück zum Gasthof.

Der Abendbetrieb im Goldenen Lamm war inzwischen voll auf Touren gekommen, der Geräuschpegel hatte die Schmerzgrenze erreicht. Die Tische waren dicht besetzt, der Tresen war belagert, als Zugabe trällerte Volksmusik aus den Lautsprechern. Potpourri der guten Laune. Daniel langte sich den Schlüssel vom Brett und floh zu seinem Zimmer hinauf.

Den Lärm von unten würde er locker aushalten, er war nicht besonders empfindlich. Tröstlich, dass die Stimmen lauter waren als die grauenhaften Lieder. Daniel schaute auf die Uhr. Es war zu spät, Oma Mecky anzurufen. Er kramte das Buch von Thomas Wolfe aus der Reisetasche, zog den Fenstervorhang zu und knipste das Lämpchen auf dem Nachttisch an. Das Bett war verdammt unbequem.

Daniel betrachtete lange die Figur auf dem Titelbild. Es war ein Engel auf einem Grabstein, anscheinend aus Marmor. Unbewusst bewegte er die Lippen. *Schau heimwärts, Engel!* Die rätselhafte Formulierung machte ihn neugierig. Er blätterte. Da gab es einige merkwürdige Zeilen vor dem ersten Kapitel, es war kein richtiges Vorwort, mehr eine Vorbemerkung, deren Sinn sich ihm aber nicht erschloss. Daniel hielt Vorworte für so entbehrlich wie Schweißfüße, er überflog die Sätze, einige berührten ihn auf unerklärliche Weise.

Uns wortlos erinnernd suchen wir die große vergess'ne Sprache, das verlorne End eines Feldwegs in den Himmel, einen Stein, ein Blatt, eine nicht gefund'ne Tür … O verlornes, vom Wind gekränktes Gespenst, kehre zurück!

Diesen letzten Satz flüsterte Daniel dreimal, viermal. Nein, er verstand ihn nicht, vielleicht war er auch nur zu verstehen, wenn man das Buch gelesen hatte. Doch der Klang dieses Satzes löste in Daniels Gedanken eine undeutliche Ahnung aus, die war beklemmend und beruhigend zugleich. *O verlornes, vom Wind gekränktes Gespenst, kehre zurück!* Es war, als ob ein Zauber in diesen Wörtern steckte.

Daniel las noch lange. Dass der Krach aus dem Lokal allmählich abebbte, merkte er kaum. Thomas Wolfe hatte ihn gefesselt. Gut, dass Oma Mecky ihm dieses Buch empfohlen hatte!

Die Kirchturmuhr hatte schon Mitternacht geschlagen, als Daniel einschlief.

Dann waren es die Glocken, deren geradezu aggressives Geläute Daniel aus dem Schlaf riss. Der Lockruf zum Gottesdienst, es war ja Sonntag. Daniel wusste sofort, wo er war und warum er hier war. Er fühlte sich gut. Das Wasser der Dusche wurde nur lauwarm, doch das machte nichts. Daniel beeilte sich.

Die Gaststube war leer. Nur auf dem Tisch, an dem Daniel am Abend gesessen hatte, war ein Frühstücksgedeck aufgelegt. Daniela kam aus der Küche. Sie trug jetzt Jeans und einen bunten Pulli. Das stand ihr besser.

»Guten Morgen, Herr Michels! Haben Sie gut geschlafen?«

»Vor allem lange. Bin ich der einzige Gast im Hause?«

Daniela nickte. »Es läuft nicht so gut mit dem Fremdenverkehr, aber das soll sich ja bald ändern. – Kaffee oder Tee?«

»Kaffee«, sagte Daniel. »Gibt's Müsli?«

»Leider nein. Bei uns geht es deftiger zu. Ich bringe Ihnen einfach mal was. Sie werden schon zufrieden sein.«

Daniel war zufrieden. Er wunderte sich, dass er nach der Fressorgie vom Abend so begierig auf das Tablett schauen konnte. Das Gelee sei aus Johannisbeeren und Himbeeren aus dem eigenen Garten, erklärte Daniela, und Brötchen gebe es am Sonntag nicht. Daniel hatte den Eindruck, dass das für seine gesamte Jahrgangsstufe reichen würde, was Daniela vor ihm aufbaute. Rauchfleisch, Blutwurst, Leberwurst, verschiedene Käsesorten, Ei, Kräuterquark, Gurken und Radieschen, Orangensaft … Die Tomaten dufteten nach Sonne. Daniel legte los. Der Kaffee war schön stark, das Landbrot hatte eine knusprige Kruste. Daniela schaute zu.

»Das finde ich cool, dass Sie vom Film sind«, sagte Daniela mit Staunen in den Augen. »Wann soll's denn losgehen?«

Daniel kaute erst einmal weiter. »Ich bin nicht vom Film, ich studiere an der Filmschule. Es geht um eine Examensarbeit. Da will ich mich im Ried nach geeigneten

Drehorten umsehen. Kann sein, dass aus der Sache gar nichts wird.«

Den letzten Satz schien Daniela überhört zu haben. »Kommen dann auch bekannte Schauspieler hierher?«

»Na, Brad Pitt und Julia Roberts werden wir uns kaum leisten können. Wir werden wohl mit Absolventen der Schauspielschule arbeiten und mit Laiendarstellern.«

»Machen Sie vorher so richtig ein Casting?«

Daniel stöhnte innerlich. Sie spekulierte auf eine Rolle. Er hätte jetzt gern gesagt: Mädchen, du schaust dir die falschen Fernsehsendungen an. Doch er nuschelte nur: »Ist ja alles erst in der Planung. Die Finanzierung muss noch geklärt werden.« Er frühstückte mit Behagen und ließ sich dann den Weg zum Schloss Aulenrith erklären. Aha, hinter der Kirche rechts ab und dann einfach geradeaus.

Daniel fuhr nach Süden in den strahlenden Morgen hinein. Langsam ließ er den Astra am kleinen Weiler vorbeirollen. Sieben Gehöfte zählte er. Auf dem grünen Schild stand *Aulenrith*. Also waren das die Pachthöfe, die zum Schloss gehörten.

Und dann, nach einer Straßenbiegung, erblickte er das Schloss. Es lag im Tal vor schier endlosen Waldhängen. Westlich vom Schlossbereich dehnte sich eine Ebene, verschwommen im Dunst, die silbrig schimmerte. Das Moor! Daniel hielt den Atem an. Ein Märchenschloss im Zauberland. War irgendwann die Zeit stehen geblieben? Ein Märchenreich für Feen und Elfen und Hexen und Geister. Jedenfalls spukten solche Gedanken in Daniels

Kopf. Er verstand jetzt, dass Oma Mecky von ihrer Kindheit geträumt hatte, von einer Kindheit in einer schönen Heimat. Aber das Märchen hatte ein hässliches Ende gehabt.

Zwischen Holunderbüschen am Straßenrand fand er einen Platz, an dem er den Wagen parken konnte. Daniel wollte nicht gesehen werden. Jetzt noch nicht.

DIE TRAUERWEIDEN FLÜSTERN

Es war kein wirklicher Weg, sondern nur eine Schneise im Buschwerk, Profile von Treckerreifen hatten Spuren in den weichen Boden geprägt. Daniel erreichte den Rand einer umzäunten Wiese, auf der Kühe weideten. Die Tiere hörten auf zu grasen, hoben die Köpfe, näherten sich neugierig und glotzten den Fremdling an. Eine dunkelbraune Kuh brüllte empört. Wer störte da beim Fressen? Daniel stapfte eilig weiter am Zaun entlang. Bloß kein Lärm, bloß kein Aufsehen! Das hohe Gras war nass. Vom Regen des Vortages oder vom Tau? Wie sollte der Großstädter Daniel das wissen! Er strebte der Senke zu, der silbrig schimmernden Landschaft, über der ein niedriger Nebelschleier lag. Das Moor zog ihn magisch an, mehr noch als das Schloss.

Er erreichte den Graben, der die Grenze zu diesem Amphibienland bildete. Schwarz war das Wasser, als verschluckte es das Sonnenlicht. Zwischen Schilf und Pfeifenputzerstauden blubberten dann und wann dicke Blasen aus dem Grund. Wasserlinsen klebten am Rand. Es war unmöglich, über diesen Graben zu springen, und wie sollte er auch einfach in das Gewirr aus Grasinseln, Büschen und Sumpflöchern eindringen! Er war doch nicht lebensmüde. Also weiter am Graben entlang. Es musste ja Wege ins Moor geben, Jägerpfade, Stege für Wanderer und Naturfreaks. Ein böiger Wind, der warm aus Süd-West wehte, quirlte im Nebeldunst und löste ihn mehr und mehr auf. Daniel sog die bitter-süßen Gerüche ein, die der Wind aus dem Ried herantrug.

Dann sah er das dreieckige Schild mit dem grünen Rand und der Adlersilhouette: *Naturschutzgebiet*. Eine schmale Holzbrücke mit Geländer überspannte hier den Wassergraben. Ein Zugang zum Moor also. An das Geländer war ein Brett mit einer Schrifttafel genagelt, ein grober Lageplan mit grünen Linien zeigte offenbar den Verlauf der Wege durch das Moorgebiet an.

WARNUNG!
Ein Verlassen der gekennzeichneten Pfade ist verboten und lebensgefährlich. Das Pflücken von Pflanzen ist in diesem Naturschutzgebiet nicht gestattet.
Das Aulenwalder Ried entstand nach der letzten Eiszeit durch das Abschmelzen eines Gletschers.

Forstverwaltung Aulenrith

Daniel fand es merkwürdig, dass diese Anordnung von der Forstverwaltung des Schlosses stammte und nicht von einer offiziellen Behörde. War daraus zu schließen, dass das Ried zum Privatbesitz der Grafen von Selbherr gehörte? Dann waren wohl auch die ausgedehnten Wälder deren Eigentum. Großgrundbesitzer wie in feudalistischen Zeiten!

Der Verlockung, das geheimnisvolle Moor zu durchstreifen, widerstand Daniel. Für Spaziergänge würde später noch Zeit genug sein. Wichtig war erst einmal, dass er die Gruben fand, in denen Torf gestochen wurde. Zwischen dem Ried und dem Schloss, das nach seiner Schätzung ungefähr fünfhundert Meter entfernt war, verlief die Straße. Das Mädchen Mechthild hatte im Tagebuch erwähnt, dass sie auf dem Weg zur Schule bei den Torfstechern vorbeigeradelt war, damit Alphonse sie sehen konnte. Der Torfabstich musste demnach am Rande des Sumpfgebietes stattgefunden haben. Also ging Daniel nicht über die Brücke, sondern wanderte weiter am Wassergraben entlang. Doch er fand die Torfgruben nicht. Daniel sah, dass die Straße jenseits des Schlossbereichs nach Osten abbog. Irgendetwas stimmte nicht mit dieser Landschaft. Oder war dem Tagebuch nicht zu trauen? Unsinn! Den Gedanken verscheuchte Daniel sofort. So viele Jahre waren vergangen, warum hatte er sich eingebildet, alles wäre noch so, wie es einmal gewesen war in den Aufzeichnungen von Oma Mecky, dem Mädchen Mechthild. Das Bild vom zeitlosen Märchenland war vielleicht nur eine Täuschung.

Jetzt hätte Daniel gern seine Großmutter angerufen, einfach nur so, aber er hatte sein Handy im Gasthof gelassen. Inzwischen strahlte die Sonne Hitze aus. Der Landstreifen neben dem Sumpfgraben stieg an, Daniel hatte den Eindruck, dass er sich auf einem künstlich aufgeschütteten Damm befand. Das Moorland zur Rechten lag nun einige Meter unter ihm. Dann, er kam an einem winzigen Wäldchen von Wacholderbüschen vorbei, sah er zur linken Seite den See. Daniel war überrascht. Im Tagebuch war dieser See, groß wie drei Fußballplätze, nicht erwähnt. Schwertlilien am Rand standen in Blüte. Binsen tuschelten im Wind. Dottergelbe Teichrosen mit Schlauchwurzeln bildeten mit ihren breiten Blättern schwimmende Gärten. Die trippelnden hellgrauen Vögel mit den dunklen Brüsten, den schwarz-weißen Köpfchen und den Wippschwänzen hielt Daniel für Bachstelzen, das Gedudel hoch in der Luft für Lerchengesang, die üppig blühenden Pflanzen im Uferbereich für Wollgras. Da ragten Holzstege im Schilf in den See hinaus. Klar, die Warteplätze für Angler. Das Licht schillerte auf der Wasseroberfläche. Dennoch glaubte Daniel die Rücken fetter Karpfen zu erspähen. Es konnte aber auch gut sein, dass sich da unten Wassermänner mit ihren Nixen tummelten. In diesem verwunschenen Sommerland war doch alles möglich.

Daniel klopfte sich an die Stirn. Er war doch nicht hier, um die Idylle zu genießen. Er dachte, dass das Mädchen Mechthild damals dieses Licht gesehen, diese Düfte gerochen und in dieser Landschaft gelebt hatte. Verspürte Oma Mecky, trotz allem, was ihr damals angetan worden war, Sehnsucht und Heimweh nach dem Schloss am Moor? Verdammt, er liebte diese alte Frau!

An einem Steg war ein kleiner Holzkahn festgemacht. Durch die Plastikabdeckung konnte Daniel das Paddel sehen, das auf der Bank lag. Für Sekunden überkam ihn unbändige Lust, hinauszugleiten auf den See, hinein in die gleißenden Sonnenstrahlen. Aber die Haltekette war mit einem Vorhängeschloss gesichert – und er wollte ja auch nicht unnötig Aufmerksamkeit erregen. Noch war er der Scout, der Späher, der Kundschafter. Die Annäherung an das Schloss sollte Schritt für Schritt geschehen. Da waren auch Hemmungen zu überwinden.

Daniel zog Schuhe und Socken aus, streifte die Hosenbeine hoch, hockte sich auf die sonnenwarme Planke und ließ die Füße ins Wasser baumeln. Schwalben schossen über den See, im Uferschlamm gründelten bunte Enten. Die Trauerweiden, deren Zweigspitzen bis zum Wasserspiegel reichten, schienen zu flüstern. Erzählten sie alte Geschichten? Daniel ließ sich nicht täuschen. Solche Bäume wuchsen nicht einfach so an einem Seeufer, diese Trauerweiden waren hier angepflanzt worden. Landschaftsgestaltung. Also keine alten Geschichten. Aber auf alte Geschichten war Daniel aus.

Und plötzlich spürte er wieder den Zorn. Warum haben sie mich angelogen? Der Vater hätte mir doch erklären können: Meine Mutter und der junge Franzose Alphonse haben sich damals sehr geliebt und ein Kind gezeugt. Aber es herrschte Krieg, und der Franzose war ein Kriegsgefangener. Darum haben Faschisten diese Liebe zerstört. Das Kind bin ich, du bist der Enkel, in Oma Meckys Familie gab es erbarmungslose Nazis …

Die schwarzen Gedanken quälten ihn, da lag jetzt ein Schatten auf dem sonnigen Sommersonntag. Trauerweide: eigentlich war das doch ein schönes Wort. Daniel spuckte ins Wasser. Mücken umsirrten ihn. Im Röhricht zuckten grün-violette Libellen blitzschnell hin und her zwischen den Stängeln.

Daniel dachte scharf nach über seinen Plan.

Er würde seinen Film *Das Schloss am Moor* nennen. Die Erinnerung an eine Kindheit sollte es werden, dazu brauchte er die richtigen bewegten Bilder von der Landschaft, vom Ried, von den großen Gärten und natürlich vom Äußeren und vom Inneren des Schlosses. Auch von den Bewohnern? Klar, falls es möglich war, die zu filmen. Dann die Höfe vom Weiler Aulenrith, der Speicher, in den die sechs Franzosen interniert worden waren. Was war noch zu zeigen? Zum Beispiel das Krause Kreuz – was immer das war. Und von einem Sandkeller war im Tagebuch die Rede gewesen, in dem das letzte Liebeslager von Mechthild und Alphonse gewesen war und in dem mutmaßlich das Kind gezeugt wurde, das später den Namen Alfons bekam.

Die entscheidende Frage blieb: Für wen wollte Daniel diese Dokumentation machen? Doch nicht nur für sich selbst! Nein, wohl eher für die Eltern, vor allem für seinen Vater Alfons Selbherr. Es sollte die traurige Rache eines Enttäuschten, Beleidigten, Verletzten sein. Da habt ihr es, ihr Lügner! Ich bin euch auf die Schliche gekommen, ich habe eure Lügengeschichten durchschaut, ich habe euch entlarvt. Und was war mit Oma Mecky? Sie hatte gewiss die Bilder der Erinnerung in ihrem Gedächtnis. Bilder eines Filmstreifens würden ihr vielleicht das Herz brechen. Sie hatte ja schon genug aushalten müssen in ihrem Leben. Daniel wollte ihr nicht wehtun.

Er schaute den Schmetterlingen zu, die über den Teichrosenblüten taumelten. Die Schönheit, die ihn umgab, machte ihn traurig und schläfrig.

Erschrocken fuhr Daniel hoch aus seinem Dösen, als er das Trommeln vernahm. Die beiden Reiter waren schon sehr nahe. Der weiche Boden hatte den Hufschlag der Haflinger gedämpft. Die Jungen hielten ihre Pferde an, als sie Daniel sahen. Eindeutig Zwillinge, stellte Daniel fest, er merkte auch, dass sie ihn fast feindselig anstarrten.

»Was machst denn du da?«, fragte der vordere Reiter.

»Ich guck mir die Gegend an. Was dagegen?«

»Bei Fremden weiß man nie.«

Was wusste man bei Fremden nie? Das hörte sich nach Argwohn an. Hatte man hier schlechte Erfahrungen gemacht mit fremden Leuten? Fürchtete man sich vor irgendetwas? Die Wirtin vom Goldenen Lamm hatte von bevorstehenden Veränderungen gesprochen. Wissenschaftliche Analyse von der Heilkraft der Moorerde. Hatten die Bauersleute vielleicht einen Grund, sich vor diesen Veränderungen zu ängstigen?

»Echt schön hier. Ich heiße übrigens Daniel.«

Jetzt redete der andere Junge. »Freilich ist's schön hier. Man kann es aber auch anders sehen. Ich bin der Peter und er ist der Paul.«

»Ihr seid Zwillinge, stimmt's?« Daniel stand auf und näherte sich den Reitern. Die Haflinger warfen unwillig die Köpfe zurück. »Verdammt tolle Pferde! Wer wohnt denn eigentlich in dem schicken Schloss da drüben?«

»Blöde Frage! Die Grafen natürlich.« Paul sagte es, als gehörte es zum Allgemeinwissen. Da klang Bitterkeit mit.

»Die Grafen?« Daniel heuchelte Unwissenheit. »Gleich mehrere?«

Peter erklärte es. »Der alte Graf von Selbherr und der junge Graf von Selbherr. Der alte ist aber schon ziemlich gaga und der junge …«

»Halt doch die Gosche!«, zischte Paul. »Willst du dir das Maul verbrennen? Bei Fremden ist man vorsichtig.« Er grinste Daniel an. »Der junge Graf ist gar nicht jung, der heißt nur so.«

»Und welcher von denen heißt Konrad?« Zu spät. Die Frage war raus. Daniel hätte sich am liebsten die Zunge abgebissen wegen seiner Blödheit. Eben hatte er scheinbar ahnungslos gefragt, wer denn in dem Schloss wohne, nun verplapperte er sich damit, dass ihm der Vorname Konrad bekannt war.

Zum Glück fiel den beiden Jungen der Widerspruch nicht auf. Daniels Frage hatte Heiterkeit erzeugt. Peter und Paul lachten, als hätte Daniel einen originellen Witz erzählt. Daniel verstand nicht, was an seiner Frage komisch war.

»Die heißen alle Konrad«, gluckste Peter, »die heißen immer alle Konrad. Denen fällt nix Besseres ein. Die sind nämlich …«

»Du sollst die Gosche halten!« Paul lachte nicht mehr.

Daniel sagte: »Na ja, wenn es halt Tradition ist. Das war früher in Adelshäusern oft so, dass der Sohn den Namen des Vaters verpasst bekam. All die Karls und Wilhelms und Ludwigs. – Aber ich hab da noch ’ne Frage. Im Gasthof hat man mir erzählt, hier im Ried wär früher Torf abgebaut worden. Könnt ihr mir zeigen, wo sich das abgespielt hat? Müsste eigentlich hier in der Nähe sein.«

»Torf?« Peter schaute verständnislos seinen Bruder an, aber der konnte mit dem Wort anscheinend auch nichts anfangen. »Null Ahnung.« Er zeigte zu den Bauernhöfen hinüber. »Kannst ja mal die alten Leute fragen, vielleicht wissen die’s.«

Die Haflinger wurden unruhig, weil die Mücken in ihre Nüstern krochen. Grußlos trabten die beiden Jungen davon. Daniel zog sich Socken und Schuhe an. Dann legte er sich bäuchlings auf den Steg und schöpfte Wasser mit der hohlen Hand und wusch sich den Schweiß aus dem Gesicht. In den Trauerweiden tobten jetzt Wildtauben. Das Flüstern war nicht mehr zu hören.

Die alten Leute fragen. Ja, warum nicht die alten Leute fragen? Vielleicht wüsste jemand von den Franzosen zu berichten und ganz besonders von dem jungen Alphonse. Und gab es auch Erinnerungen an das Mädchen Mechthild? Daniel ahnte, dass er vorsichtig sein musste. Alles, was das Schloss betraf, schien tabu zu sein. Die Abhängigkeit der Pächter: War es das? Daniel hatte Pauls Warnung an seinen Bruder noch im Ohr: Halt die Gosche!! Willst du dir das Maul verbrennen? Bei Fremden ist man vorsichtig. – Es konnte sein, dass er auf eine Mauer des Schweigens stieß, aber er wollte es versuchen. Und wenn sie ihn zum Teufel jagten? Daniel redete sich Mut zu. Ich bin Clint Eastwood als der geheimnisvolle Fremde, der in ein Dorf reitet und die Vergangenheit wieder lebendig werden lässt. Daniel fasste sich an die Ohren. Idiotisch, albern, kitschig. Wahrscheinlich würde er nur auf Unverständnis stoßen. Alles war doch schon so lange vorbei, Schnee von vorgestern. Wer soll sich da noch erinnern! Trotzdem spürte Daniel leichtes Herzflattern.

Beim Vorbeifahren hatte der kleine Weiler heimelig und romantisch auf ihn gewirkt, wie ein verträumtes Motiv für Ansichtskarten. Doch als er sich nun der Bauerschaft näherte, überkam ihn das unbehagliche Gefühl aus Melancholie und Bedauern. Die sieben Höfe mit Stallungen und Scheunen, die sich an den sanft ansteigenden Hang schmiegten und kaum mehr als einen Steinwurf weit voneinander entfernt lagen, waren weder verfallen noch vernachlässigt, doch sie erzeugten bei Daniel die verrückte Vorstellung, dass sie in Vergessenheit geraten waren. Alle Farben schienen von einem Grauschleier überzogen zu sein, selbst die anmutigen Formen der Häuser waren ohne Fröhlichkeit. Nur in den Hausgärten, prall voll Blumen und Gemüsebeeten und Beerensträuchern, leuchtete es.

Daniel sog die Gerüche ein. Süße von frisch geschnittenem Gras, strenge Ausdünstungen aus Schweineställen, warmer Blumenduft, stickige Wellen von den Misthaufen her. Und da lagen auch Bratendünste in der Luft. Sie lösten bei Daniel aber keine Hungergefühle aus. Er stellte sich das fette Sonntagsessen vor und war satt. Beinahe körperlich fühlte er, dass er beobachtet wurde. Ein Fremder! Was hat der hier zu suchen? Daniel näherte sich einem Hof, auf dessen Hauskoppel die beiden Haflingerpferde schläfrig im Schatten der Haselnussbüsche standen. Hühner scharrten in den braunen Jauchepfützen vor dem Misthaufen. Hinter einem Lattenzaun lag eine riesige Sau mit geschlossenen Augen im Schlamm und blies grunzend die Fliegen weg, während die Ferkelschar quietschend raufte. Das fand Daniel lustig.

Er sah nur wenig Vieh auf den Wiesen, die Kornfelder waren klein. In der offenen Scheune, an deren Schwelle Mohnblumen im leichten Luftzug schaukelten, stand ein Traktor, der aus dem Museum entliehen zu sein schien. Auf dem Gastank neben der Scheunenwand sonnte sich eine fahlweiße Katze. Daniel fiel auf, dass nichts auf die Anwesenheit von Kindern schließen ließ. Waren Peter und Paul nur zum Wochenendbesuch bei den Großeltern?

Der kleine, breit gebaute Mann mit dem zerschlissenen Strohhut, der plötzlich aus der Haustür trat, hatte die Daumen hinter die Hosenträger geklemmt. »Suchen Sie was Bestimmtes?« Das klang abweisend.

»Oh, grüß Gott!« Daniel deutete eine kleine Verbeugung an. »Ich schau mir nur ein bisschen die schöne Gegend an. Ein Bekannter hat mir erzählt, dass hier im Ried noch Torf gestochen wird. So etwas interessiert mich. Können Sie mir sagen, wo ...«

Der Mann lachte kurz auf. »Jessesmaria! Das ist lang her. Die Zeit ist vorbei, wo die Leut die Herde und die Kachelöfen mit Torf beheizten.« Er deutete mit dem Kopf zum See hinunter. »Da waren mal die Torfabstiche, wo der See jetzt ist. Wurde alles ausgebaggert und geflutet.« Er zog die Daumen weg, die Hosenträger schnellten auf die Brust. »Schön proper wollen's die Grafen haben. Schön proper die ganze Landschaft. Alles weg, was stört. Aber ich will nix gesagt haben.«

Die Verbitterung war nicht zu überhören. Daniel stellte trotzdem die Frage: »Können Sie mir etwas über die Franzosen sagen, die hier in den letzten Kriegsjahren gearbeitet haben? Mein Bekannter hat mir erzählt, die Kriegsgefangenen hätten …«

Wieder unterbrach der Mann barsch: »Heidenei! Sind Sie etwa von der Zeitung? Ich weiß von nix und ich sag auch nix.«

»Wer könnte mir denn vielleicht Auskunft geben?«

Der Mann zögerte, dann knurrte er: »Fragen Sie mal auf dem Sauterhof nach.« Er zeigte zu einem Haus, das hinter der Apfelbaumwiese lag. Dann stapfte er grußlos davon und knallte die Haustür hinter sich zu.

»Armleuchter!« Daniel war sauer. Unfreundlicher ging es wohl nicht.

Dann stutzte er. Sauter! Der Name kam im Tagebuch vor. Mechthild und Alphonse hatten zum ersten Mal miteinander gesprochen. Alphonse war bei der Weizenernte eingesetzt worden, Mechthild hatte das Ochsengespann geführt. Die Sauterbäuerin hatte geduldet, dass die beiden miteinander redeten, obwohl es verboten war.

Die große Sau hatte sich auf die Seite gewälzt. Gierig nuckelten die Ferkel an den Zitzen. Die Katze war vom Gastank verschwunden.

DER GESANG DER FRANZOSEN

Die alte Frau im schwarzen Wollkleid saß unter einem Madonnenbild in einem Korbsessel und häkelte. Die Haut ihres hageren Gesichtes war vernarbt, das schüttere schlohweiße Haar war am Hinterkopf zu einem Knoten gebunden. Die Greisin schaute nicht auf, als die Bäuerin Daniel in die Küche führte.

Misstrauisch hatte sie durch den Türspalt geschaut, als Daniel mehrmals an die Haustür geklopft hatte. Nur zögernd hatte sie ihn ins Haus gelassen, nachdem er erklärt hatte, er sammele Informationen über das Verhalten französischer Kriegsgefangener für eine Examensarbeit in neuerer Geschichte. Misstrauisch starrte ihn auch der Bauer an, der am Küchentisch saß und Schnaps aus einem Wasserglas trank. Die Flasche stand vor ihm. Das Geschirr vom Mittagessen war noch nicht abgeräumt. In den Tellern krabbelten Fliegen. Muffig hing der Essensgeruch in der düsteren Küche. Das Unterhemd des Bauern war schmuddelig, in seinen Mundwinkeln klebten

Speisereste an den Bartstoppeln. Der Mann atmete schwer.

Die Bäuerin schob für Daniel einen Stuhl zurecht und tippte der alten Frau auf die Schulter. »Mutter, hier ist Besuch für dich. Der Bub will dich was fragen. Ob du was über die Franzosen weißt, die im Krieg hier im Dorf waren.«

Die alte Frau hob den Kopf mit einem jähen Ruck, als erwachte sie aus dem Schlaf. Die Pupillen in ihren wasserhellen Augen waren kaum zu erkennen. Für einen Augenblick glaubte Daniel, die Frau sei blind. Das täuschte.

»Grüß Gott!« Daniel fühlte sich unsicher. »Mein Name ist Daniel Michels. Ich bin Student und schreibe an einer Arbeit über Franzosen, die im Schwabenland als Kriegsgefangene gearbeitet haben. Mir wurde gesagt, auch hier in Aulenrith seien einige Franzosen interniert gewesen. Können Sie sich daran erinnern?«

»Ei freilich!« Lebhaft, als hätte sie einen Energieschub bekommen, gestikulierte die alte Frau. »Das waren alleweil liebe Kerle, unsere sechs Franzosen. Und wie fleißig die geschafft haben! Als der Krieg aus war, da sind die zurück nach Frankreich. Beim Abschied hat's sogar Tränen gegeben.«

»Die haben im Ried beim Torfabbau gearbeitet?«

»Das ist schon wahr, aber wenn's mit der Ernte pressierte, dann hat der Graf sie auch hier bei den Bauern eingesetzt. Unsere Buben waren ja alle bei den Soldaten.«

»Der Graf hat das organisiert? Wieso denn der Graf?«

Die Frau kicherte. »Weil die Leute vom Schloss immer

die Anordnungen geben. Das war damals so und heutzutage ist's nicht anders. Der Herrgott hat's halt so gerichtet.« Da klang Resignation mit und Bitterkeit.

Der Bauer meldete sich. »Sag nichts Falsches, Mutter!«

Wieder spürte Daniel, dass die Pächter hier im kleinen Weiler sich fürchteten. Was war der Grund? Er fragte: »Hat auf Ihrem Hof auch einer von den Franzosen bei der Ernte geholfen?«

»Aber ja! Das war der Alphonse. Den hat der Graf zum Sauterhof beordert. Ein nettes Bürschle war der!« Fast verzückt lächelte die alte Frau. »Er war der Jüngste, der Alphonse. Grad so alt wie mein Bruder Karl. Und beide mussten schon Soldaten sein und waren doch noch so jung. Unser Karle ist nicht heimgekehrt aus dem Krieg. Und die Buben von den Rotachers und den Seppers sind auch gefallen. Sie hatten sich freiwillig an die Front gemeldet. Gott hab sie selig!«

»Freiwillig?« Das verstand Daniel nicht. »Warum denn das?«

»Weil's der Konrad, der junge Graf, ihnen eingeredet hatte. Dienst am Vaterland wär heilige Pflicht und Ehrensache. Nur Feiglinge würden dem Ruf des Führers nicht folgen. Alle deutschen Jungmänner müssten zu den Waffen eilen und die Feinde vernichten. Und dass wir alle die Feinde hassen müssen, besonders die Franzosen, weil das unsere Erbfeinde wären – das hat er auch gesagt. Aber wir haben die Franzosen nicht gehasst. Die waren doch so freundlich.«

Daniel musste jetzt erst einmal die Gedanken ordnen.

Der junge Graf Konrad von damals war also inzwischen der alte Graf, der angeblich schon ein bisschen gaga war. Oma Meckys älterer Bruder. Mein Großonkel, dachte Daniel, verdammt, mein Großonkel! Er wusste es ja längst, trotzdem empfand er die Worte der alten Frau als bestürzend. »Und der Konrad, der junge Graf, ist der auch freiwillig Soldat geworden?«

»Der doch nicht!« Die alte Frau fasste sich an den Mund. Anscheinend war das Gebiss verrutscht. »Der doch nicht!«

»Herrgottsakrament, Mutter!« Der Bauer knallte sein Schnapsglas auf die Tischplatte. »Schwätz doch nicht so viel!«

Die alte Frau hörte nicht auf ihn. Die Erinnerungen erregten sie offenbar. Ihr verträumtes Lächeln war anrührend. »Der Alphonse, der durfte zu Mittag auch bei uns am Tisch sitzen, obwohl's ja amtlich verboten war. Er hat auch mit uns gebetet. Mein Vater hat gesagt, wer mit uns schafft, der isst auch mit uns. Und die Mutter meinte das auch. Die Franzosen schliefen im Speicherhäusle. Da haben wir gelauscht, wenn sie abends gesungen haben. Schöne Gesänge, ein bissele traurig.« Und plötzlich sang die alte Frau leise und mit brüchiger Stimme: »Nous étions deux, nous étions trois, nous étions trois marins de Groix. Mon traderi, tra-la-la, mon traderi, tra-lanlère …«

Daniel war hingerissen.

Die Bäuerin mahnte: »Mutter, du darfst dich nicht so anstrengen. Der Doktor wird dich ausschimpfen, wenn ich ihm sag, dass du so viel redest.« Sie schaute Daniel vorwurfsvoll an. »Sehen Sie nicht, dass sie erschöpft ist?«

Daniel hob die Hände, als wollte er sich ergeben. »Nur noch zwei Fragen.« Er suchte Augenkontakt mit der alten Frau. »Der Konrad, der junge Graf damals, hatte der auch Geschwister?«

»Eine Schwester, die Mechthild. Mit der war ich zusammen in der Klasse, aber dann ist sie ja zur Oberschule gegangen.« Die alte Frau schmunzelte. »Die hatten sich wohl ineinander verguckt, die Mechthild und der Alphonse. Ich hab's gemerkt. Eines Tages war die Mechthild verschwunden. Vom Schloss hörte man, sie wär an einem sicheren Ort, das hätte mit dem Krieg zu tun. Verstanden hab ich's aber nicht. Manche Leute munkelten, man hätte sie mit einem Schiff über den Bodensee in die Schweiz gebracht. Da wusste man ja schon, dass der Krieg verloren war. Der Alphonse ist auch verschwunden. Ausgerissen ist der. Der Rotacherbauer hat rumerzählt, das mit der Mechthild wär was Geheimnisvolles. Ich glaub, die Mechthild lebt gar nicht mehr. Der alte Graf hat damals gesagt, dass niemand darüber reden darf.«

Der Bauer stand leicht schwankend vom Stuhl auf. »Dann schweig endlich, Mutter! Wenn's verboten ist … Das geht den fremden Bub nichts an.« Er zeigte zur Tür. »Jetzt ist Schluss.«

Daniel fragte schnell. »Und das Speicherhäuschen? Gibt es das noch? Ich würde es mir gern anschauen. So etwas ist wichtig für meine Dokumentation über die französischen Kriegsgefangenen.«

Die Bäuerin sagte: »Ich zeig Ihnen, wo's gestanden hat.«

Der alten Frau war das Häkelzeug entglitten. Anscheinend war sie eingenickt. Auf Daniels Abschiedsgruß reagierte sie nicht. Der Bauer setzte sich wieder und griff zur Flasche. Sein glasiger Blick war ausdruckslos, trotzdem glaubte Daniel Furcht und Feindschaft zu spüren. Was beunruhigte die Leute?

Die Bäuerin legte die Schürze ab und verließ mit Daniel das Haus. Mittagshitze klebte auf dem Weiler. Wieder sah Daniel Gesichter hinter den Fensterscheiben. Es war nur ein kurzer Weg. Die Reste des Fundamentes waren zu erkennen, kniehoch die Relikte der Außenmauern, nur wenige Quadratmeter groß das Areal. Jetzt war es die Müllkippe für verdreckte Planen, Plastiksäcke von Futtermitteln und Kunstdünger und für Rübenstrünke. Auf einem verrosteten Fahrradrahmen turnten Spatzen.

»Früher war's das Altershäusle der Rotachers«, erklärte die Bäuerin. »Unterm Dach der Heuboden und unten die Stube und die Schlafkammer und eine kleine Küche. Der Abort war hinter dem Haus.«

»Und in so einem Winzlingshäuschen haben die sechs Franzosen übernachtet? Die müssen ja wie die Ölsardinen zusammengequetscht gelegen haben.«

Die Bäuerin zuckte mit den Schultern. »Ich hab keine Ahnung. Das war vor meiner Zeit. Als ich auf den Sauterhof kam, war das Speicherhäusle schon niedergerissen. War wohl morsch, das Holzwerk. So, haben Sie genug gesehen?«

»Ist ja nicht mehr viel zu sehen. Dann will ich mal zum

Schloss laufen. Das macht einen tollen Eindruck. Irgendwie hat es ja auch mit den Kriegsgefangenen zu tun.«

»Es schaut halt schon schön aus.« Die Bäuerin kniff die Augen zusammen. »Aber hinein können Sie nicht. Die Grafen dulden es nicht. An der Tormauer steht's angeschrieben.«

Daniel sagte: »Das scheinen merkwürdige Leute zu sein, diese Grafen. Im Gasthof hat man mir erzählt, dass es irgendwelche Pläne gibt, weil man herausgefunden hat ...«

»Geschwätz!« Die Bäuerin schlug heftig die Hände zusammen. »Es wird viel geredet. Offiziell ist noch gar nichts. Man darf sich nicht selber verrückt machen.«

»Von zwei Jungen habe ich erfahren, dass der alte Graf ziemlich senil ist. Stimmt das?«

»Ich will nichts gesagt haben. Der Herr Deubel, der könnt Ihnen vielleicht etwas über die Leute vom Schloss erzählen, der kennt sich aus. Er war mal Schulrektor, der Clemens Deubel, jetzt ist er Pensionär. Wohnt im Städtle im ehemaligen Pfarrhaus, das ist gleich bei der Kirche.«

Daniel empfand das geradezu als Aufforderung: Befragen Sie den, der kann Ihnen Auskunft geben über die Leute im Schloss, wir hier in Aulenrith trauen uns das nicht. Wieso lag der Bäuerin etwas daran, dass er sich nach der Familie der Grafen erkundigte? Glaubte oder wusste sie, dass es einen Zusammenhang mit seinen angeblichen Recherchen gab?

»Mal sehen«, sagte Daniel. »Vielleicht besuche ich den Herrn Deubel. Jedenfalls danke ich Ihnen für Ihre Hilfe.«

»Ist schon recht.« Die Bäuerin entfernte sich schnell.

Daniel fand einen Feldweg, der führte auf das Schloss zu. Solche Blumenwiesen kannte er nur aus der Fernsehwerbung für Milchprodukte. Margeriten, Hahnenfuß, Glockenblumen, Klee … Dicke Hummeln brummten in Mohnblüten und dunkelblauen Disteln. Dies waren andere Wiesen als die sterilen Grasflächen, die Daniel aus dem Münsterland kannte, die wie aus Kunststoff wirkten, aus denen man mit Chemikalien jegliche Buntheit getilgt hatte. Der Großstädter Daniel ließ sich betören von diesem Sommerland. War das Mädchen Mechthild damals durch Blumenwiesen getanzt?

Daniel dachte an die Gesänge der Franzosen, von denen die alte Frau geschwärmt hatte, die einmal mit Oma Mecky in der gleichen Schulklasse gewesen war. Mechthild hatte mit Alphonse auch Lieder gesungen, wenn die beiden sich heimlich am Krausen Kreuz getroffen hatten. Unwillkürlich sang Daniel leise vor sich hin: »Au clair de la lune, mon ami Pierrot …« Er brach ab. Verrückt, unter strahlender Sonne ein Lied vom Mondschein zu trällern! Wo sich das Krause Kreuz befand, musste er noch erkunden. Davon brauchte er unbedingt Filmbilder.

Daniel war sich nicht klar darüber, warum er sich erst jetzt dem Schloss näherte. Eigentlich war es doch das wichtigste Ziel seiner Reise. Einerseits zog es ihn magisch an, andererseits verspürte er eine seltsame Scheu. Da war wieder der Satz: *Auf einmal war ich wieder das kleine Mädchen zu Hause in unserem Schloss.*

Neben dem Gittertor der Einfahrt war ein Emailschild an die Mauer geschraubt:

UNBEFUGTEN IST DAS BETRETEN DER SCHLOSSANLAGE UNTERSAGT!
Zuwiderhandelnde werden belangt.

Zuwiderhandelnde werden belangt: Wer dachte sich bloß solch idiotische Formulierungen aus! Ich werde ein Zuwiderhandelnder sein, dachte Daniel. Er brauchte Bilder vom Schloss, er musste die Grafen von Selbherr sehen, die seine Verwandten waren. Trotz der Hitze war ihm plötzlich kalt.

Daniel fasste so fest nach den Gitterstäben, dass die Fingerknöchel weiß wurden. Vor sich sah er die Frontseite des hellen Barockbaus, der Lebensfreude ausstrahlte. Das Haupthaus mit den geschwungenen Ziergiebeln war zweigeschossig, die Nebenflügel, vielfenstrig in absoluter Symmetrie, lagen zu ebener Erde. Der Portikus mit den zierlichen Säulen und den gerundeten Stufen überschattete das Portal. Stille. Kein Mensch war zu sehen.

Vom Gittertor aus waren nur einige Bereiche des anscheinend weitläufigen, ausgedehnten Gartengeländes zu überblicken. Daniel kannte Bilder von Rokokogärten, dieser Park gehörte gewiss zu den schönsten. Bäume, Sträucher, Stauden und Blumenrabatten waren kunstvoll komponiert, Statuen und geharkte Kieswege leuchteten weiß. Im Hintergrund waren gläserne Gewächshäuser zu erkennen.

Daniel unternahm für einen Augenblick den absurden Versuch, in die Rolle des Mädchens zu schlüpfen, das hier vor mehr als sechzig Jahren gelebt hatte. Wie hatte das Mädchen Mechthild ausgesehen? Welche Kleider waren in Mode gewesen? Und wie hatten die Frisuren ausgesehen? Daniel erinnerte sich an Fotos, auf denen Mädchenscharen Adolf Hitler wie einen Popstar anhimmelten. Lange Zöpfe am Hinterkopf, adretter Bubischnitt, Affenschaukeln über den Ohren, Haare zu strengen Kränzen geflochten … Das Wort *ordentlich* fiel ihm ein. Eine großdeutsche Einheitsfrisur hatte es wohl nicht gegeben. Also: Oma Mecky hatte damals irgendwie ordentlich ausgesehen. Für eine konkrete Vorstellung reichte das nicht. Das Foto der Kennkarte war völlig verblasst.

Links und rechts vom Gittertor schlossen gekalkte Mauern das Gelände ein, drei Meter hoch mindestens. Daniel wandte sich nach rechts. Ein schmaler Trampelpfad verlief am Fuß der Mauer. Dann erreichte Daniel die Rückseite eines wuchtigen Gebäudes mit Fenstern, die klein waren wie Schießscharten. Es sah aus, als sei die hintere Hauswand mit der Mauer verwachsen. Eine kleine Messingtafel gab Auskunft:

Ursprünglich war das Gebäude der heutigen Forstverwaltung ein Zisterzienserkloster, erbaut im 14. Jahrhundert.

Okay, Daniel begriff: Von hier wurden also die monatlichen Geldüberweisungen an Oma Mecky veranlasst.

Apanage. Wahrscheinlich kauften die Herren Grafen sich auf diese Weise frei. Keine weiteren Ansprüche. Und den Namen hatte man Oma Mecky ja auch zurechtgestutzt: keine Gräfin von Schloss Aulenrith mehr. Daniel nahm an, dass diese Forstverwaltung eine Art Kommandozentrale für die Belange der Herren von Selbherr darstellte. Er ging weiter auf dem Pfad.

Dann kam Daniel nach einer Biegung an eine asphaltierte Zufahrt, die von der Straße her zu einem Hintertor des Schlossgeländes führte. Da war wieder ein Schild, das Unbefugten den Zutritt verwehrte. Daniel rüttelte an der Klinke, aber das schwere Holztor war verriegelt. Vermutlich benutzten die Angestellten diese Zufahrt. Hier ragten Flachdächer über die Mauerkrone, Funktionsgebäude wohl, Lagerhallen, Garagen, Geräteschuppen. Hier endete die Mauer. Auf der anderen Seite der Zufahrt schloss sich eine ungemein dichte Hainbuchenhecke an.

Daniel bog Zweige auseinander und spähte aus diesem neuen Blickwinkel ins Gartengelände. So viel Schönheit! Zum Verrücktwerden schön.

Er sah ein hüfthohes Buchsbaumlabyrinth mit einem Rosenrondell in der Mitte. Die Rosen waren strahlend weiß. Auf einem Wiesenstück stolzierten Kronenkraniche. Aus einer künstlichen Grotte sprühten die dünnen Wasserstrahlen einer Fontäne. Die Tropfen funkelten im Sonnenlicht.

Irgendwo musste diese Hecke zu durchdringen sein, da war sich Daniel sicher. Er war entschlossen, ein Zuwiderhandelnder zu sein. Morgen – mit der Kamera.

IM ZAUBER DER KÖNIGSKERZEN

Am Straßenrand waren einige Autos abgestellt worden. Anscheinend durchstreiften Spaziergänger das Ried. Daniel ging am Seeufer entlang. Er kam an die Stelle, an der ein schmaler Bach, der aus dem Sumpfland rann, in den See mündete. Winzige Fische, dünn wie Stecknadeln, tummelten sich zwischen Unterwasserfarnen. Das Bachwasser war wunderbar klar. Ohne zu zögern legte Daniel sich auf den Bauch, tauchte das Gesicht ins kalte Wasser und schlürfte. Es war das erste Mal in seinem Leben, dass er Wasser aus einem Bach trank. Er bildete sich ein, dass es würzig nach Erde und Gras und Blumen schmeckte.

Daniel konnte sich nicht vorstellen, dass nur dieser kleine Bach den See speiste. Bei einer so großen Fläche verdunstete doch viel. Vielleicht floss viel Grundwasser zu, möglicherweise regnete es hier oft. Daniel wunderte sich, dass ihm solche Fragen wichtig waren.

Parallel zum Bach führte ein Pfad ins Ried hinein, auch hier war eine Warntafel aufgestellt. Beinahe andachtsvoll schritt Daniel auf diesem Weg. Er dachte über das Wort *schreiten* nach und setzte die Füße bewusst. Der Grund war elastisch, Daniel ging wie auf einem Wasserbett. Er glaubte tief unter sich riesige Wassermassen zu fühlen. Vereinzelt ragten Bäume zwischen Büschen und hohen Sumpfgräsern: Erlen, Eschen, Salweiden mit dunkelsilbrigen, pelzigen Blättern. Da und dort schimmerten grüne Tümpel. Daniel hatte das Gefühl, dass dieses Sumpfland sich in rhythmischer Bewegung befand, aber vielleicht narrten ihn die flimmernden Sonnenstrahlen und die Blütenhalme der Schwertlilien, die im leichten Wind schaukelten, vielleicht lag es auch an den wunderlichen Düften. Daniel wischte sich Stechfliegen und Bremsen aus dem Gesicht und von den Armen. In einem filigran gesponnenen Spinnennetz klebten die Reste weißer Motten. Im Buschwerk hinter den Binsen kreischte aufgeregt ein Vogel. Daniel tippte, dass da ein Eichelhäher dem anderen Getier den Eindringling vermeldete. Hieß die Staude mit der üppigen violetten Blüte Wegwarte? Waren das Wermutpflanzen, an deren Stängeln dicke gelbe Knöpfe prangten? Daniel kannte sich nicht aus, aber ihm fielen Namen ein: Jakobskreuzkraut, Sumpfdotterblume, Johanniskraut, Buschwindröschen …

Auf einmal sehnte er sich stark nach Bettina. Wenn sie jetzt bei ihm wäre und mit ihm dies alles bestaunen könnte! Crashkurs in Manchester – wer hatte sie nur auf diese idiotische Idee gebracht!

Daniel dachte darüber nach, ob Oma Mecky als Kind wohl oft dieses Moor durchstreift hatte. Vielleicht hatte es damals die Wege durch das Ried noch nicht gegeben. Strenges Verbot: *Oh, schaurig ist's übers Moor zu gehn …* Lebensgefahr! Aber das Mädchen Mechthild kannte sich möglicherweise gut aus, war von Jägern oder Wildhütern angeleitet worden, sich hier sicher zu bewegen. War sie auch mit ihren Eltern durch das Ried gestapft oder mit dem Bruder Konrad? Blödsinnig, die Frage! Wer sollte darauf eine Antwort geben? Aber vielleicht war in ihrem Traum von der Kindheit im Schloss auch das Ried vorgekommen. Hatte sie manchmal Heimweh? Aber doch nicht nach ihrer ehemaligen Familie!

Im Schatten der breitblättrigen Pflanzen lauerten Frösche mit pumpenden Backenblasen auf Insektenbeute. Langbeinige Käfer schlitterten auf der Oberfläche der Wasserlöcher. Versteckt im Schilf quakten Enten. Den Ameisenhaufen unter einer Krüppelkiefer nahm Daniel erst wahr, als die Tierchen schon auf seinen Schuhen wimmelten. Um die hohen Fingerhutstauden schwirrten helle Falter. Im weichen Boden am Wegrand, der noch feucht war vom Regen des Vortages, hatte ein Reh feine Hufspuren hinterlassen. Daniel sog das alles staunend in sich auf.

Aber dann die Verzauberung! Ein Hügel hob sich wie ein Walrücken aus dem Morast, zwischen Büscheln harter Gräser leuchteten Königskerzen in voller Blüte. Das waren die Blumen seiner Kindheit. Daniel hatte sie nie wirklich gesehen, er kannte sie nur von dem Lieblingsbild aus dem Märchenbuch, auf dem Schneewittchen im gläsernen Sarg zwischen hohen Königskerzen schlummerte. Und da war plötzlich die Erinnerung wach an die Viertelstunde vor dem Einschlafen, als die Mutter Abend für Abend an seinem Bett gesessen und ein Märchen vorgelesen hatte. Doch vorher musste sie ihm stets das Lieblingsbild mit den Königskerzen zeigen. Diese Blumen hatten ihn damals verzückt, an Schneewittchen war er weniger interessiert gewesen. Nun stand der Tagträumer Daniel im Aulenwalder Ried und glaubte, die ruhige Stimme der Mutter zu hören und ihre warme, weiche Haut zu fühlen. In den Märchen waren die schönen Geschichten gut ausgegangen, nur in den Märchen war das Schöne auch immer gut. Hatten die Eltern ihm darum die wahre Geschichte von Mechthild und Alphonse vorenthalten?

Ein kleiner Reim aus dem Märchenbuch fiel ihm ein, doch Daniel hatte vergessen, zu welchem Märchen er gehörte.

Im Moore, wo der Moorbach rinnt,
trägt eine Krone das Königskind.

Aufgewacht aus der Traumduselei! Er war hier, um Szenarien für seine Filmbilder auszusuchen. Schon malte er sich die Sequenzen aus: Schwenk über Schilfflächen, Moortümpel mit Gärungsblasen aus der Tiefe, faulendes Holz und tiefbraune Samtkolben der Pfeifenputzerstiele, in Großaufnahme Schmetterlinge und Frösche und anderes Getier, Gang auf schwankendem Grund am Moorbach entlang, von der Straße aus eine Landschaftstotale mit Schloss, See und Moor, dann das Ried rangezoomt und als Schlussbild die purpurnen Glocken der Königskerzen. So ungefähr stellte Daniel sich das vor.

Aber die Königskerzen wollte er jetzt aus der Nähe sehen. Ob sie auch dufteten? Da konnte er doch keine Rücksicht darauf nehmen, dass das Verlassen der gekennzeichneten Pfade verboten war. Und lebensgefährlich sah das hier auch nicht aus. Die Typen von der Forstverwaltung konnten viel behaupten. Die Graspolster zwischen dem triefenden Grund boten sich als Stufen für schnelle Sprünge geradezu an. Los, großer Sportler, redete Daniel sich zu, hüpf rüber zu den Blumen deines Märchenbuches! Mut, Junge!

Es war auch gar nicht schwer. Mit vier, fünf Sprüngen erreichte Daniel den kleinen Hügel und hatte festen Boden unter den Füßen. Doch an die großen Blüten traute er sich nicht näher heran, denn hier hatten Wespenschwärme die Lufthoheit. Plötzlich entdeckte Daniel die wilden Erdbeeren. Da fiel ihm selbstverständlich sofort Ingmar Bergmans starker Film ein. *Wilde Erdbeeren:* auch da ging es um Erinnerungen und Gespenster aus der Vergangenheit. Walderdbeeren hatte Daniel bisher noch nie gesehen. Als er sie nun probierte, war er überrascht von dem intensiven Geschmack. Manche Früchte waren schon verschrumpelt, doch auf der anderen Seite der Erhebung fand er Erdbeerpflanzen in Fülle. Gebückt bewegte er sich suchend weiter unter niedrigen Föhren und schmauste.

Als er sich aufrichtete, sah er hoch über sich am wolkenlosen Himmel den großen Vogel, der ohne Flügelschlag kreiste und von der Thermik getragen wurde.

Habicht? Bussard? Falke? Daniel kannte sich mit den Silhouetten von Greifvögeln nicht aus, den Pfadfinder Carsten hätte er jetzt gern befragt, gebannt starrte er in die Bläue hinauf. So schweben zu können, so schwerelos mit dem Aufwind zu spielen! Das waren Kinderträume aus der Märchenbuchzeit. Nun war der Wunsch wieder wach. Mit dem Blick fühlte Daniel sich in das Kreisen ein, er wurde schwindlig, daran war vielleicht auch die Hitze schuld, wie Trunkenheit war das, wie ein Taumel. Dann begriff Daniel, dass er die Orientierung verloren hatte. Leichte Panik überkam ihn. Sogar Sherlock Holmes wäre um ein Haar im Moor versunken, und in den Edgar-Wallace-Streifen reckten noch und noch Todgeweihte verzweifelt die Arme aus blubberndem Sumpf. Solche Szenen hatte Daniel plötzlich vor Augen.

Cool bleiben, du Schwachkopf!, redete er sich zu. Er durfte jetzt nicht in Panik verfallen. Zurück zu den Walderdbeeren, zurück zu den Königskerzen – und dann würde er jenseits des Hügels die Graspolster finden und wieder auf den Weg springen. Aber welche Richtung war das? Der kreisende Raubvogel hatte ihn irritiert. Ruhe, erst einmal Ruhe, nicht auf das Herzklopfen achten. Auf dem Weg hatte er die Nachmittagssonne schräg über sich gehabt, Waldläufer orientieren sich am Stand der Sonne, selbst wenn sie aus der Großstadt stammen. Also!

Die Furcht wich gelassener Heiterkeit. Schon sah Daniel die leuchtenden Blumen. Doch dann stand er vor einem Wassergürtel, der gefährlich schwarz und tot aussah. Der Grund darunter war nicht zu erkennen, vielleicht gab es gar keinen. Wo, zum Teufel, waren bloß die verdammten Graspolster?

Wahrscheinlich hatte der Mann schon seit Minuten Daniels Hampelei amüsiert zugeschaut. »An Ihrer Stelle würde ich Schuhe und Strümpfe ausziehen und die Hosenbeine hochkrempeln und durchs Wasser waten.«

Erschrocken zuckte Daniel zusammen, denn er nahm erst jetzt den Wanderer wahr, der mit verschränkten Armen auf dem Pfad am Moorbach stand. »Aber wenn ich versinke … Ich kann doch nicht …«

»Doch, Sie können!«, rief der Mann lachend. »Hier ist's nicht tief. Waten Sie einfach durch den Schlick. Und Krokodile gibt es auch nicht.«

Das war peinlich. Daniel schämte sich. Dass der Typ sich über ihn lustig machte! Aber folgsam schlüpfte er aus den Schuhen, streifte die Socken ab und zog die Jeans ein wenig hoch. Das Moorwasser war wirklich nicht tief. Nur der Hosensaum wurde nass. Daniel hatte sich von der Spiegelung narren lassen. »Danke für den Tipp«, murmelte er verlegen, als er den Wegrand erreichte.

»Ich habe noch einen Tipp für Sie, junger Mann.« Der Mann fixierte Daniel durch die runden Brillengläser, sein graues Ziegenbärtchen wippte. »Lassen Sie sich nicht von den Forstleuten vom Schloss erwischen bei solchen Eskapaden. Die mögen das nämlich gar nicht. Außerdem ist dieses Ried wirklich einmalig, da sollte man nicht wie ein Berserker in den Lebensräumen von Fauna und Flora rumtrampeln.«

Daniel verteidigte sich. »Ich wollte doch bloß mal die Königskerzen ganz aus der Nähe sehen.« Nein, das Bild aus dem Märchenbuch erwähnte er nicht, er wollte sich nicht dem Gespött eines fremden Mannes aussetzen. »Und dann waren da noch die wilden Erdbeeren …«

Der Mann winkte beschwichtigend ab. »Denken Sie einfach mal über das nach, was ich Ihnen gesagt habe.«

»Sie reden ja wie ein Lehrer.«

»Ich war doch auch mal einer.« Wieder wippte das Bärtchen.

Daniel schluckte heftig, dann gab er sich einen Ruck und sagte trotzig: »Gehört denn das ganze Ried den Leuten vom Schloss?«

Der Mann lachte auf. »Den Selbherrs gehört nicht nur das Ried, denen gehören auch sämtliche Waldungen weit und breit.« Er holte aus zu einem Rundumschlag. »Die besitzen praktisch die ganze Gegend hier. Und in der Stadt haben sie jede Menge Grundeigentum und was die sonst noch an Kapitalbeteiligungen und Aktienbesitz im Laufe der Jahre angesammelt haben, das wissen nur die Götter. Aber warum erzähle ich Ihnen das?«

Daniel ging nicht auf die Frage ein, sie war wohl auch eher rhetorisch gemeint. »Ich habe in der Schule gelernt, dass die Zeit der Adelsprivilegien endgültig vorbei ist.«

»Bravo!« Das klang bitter. »Da haben Sie etwas Richtiges gelernt. Bloß vergisst man leicht, dass die Feudalherren von einst nichts von dem an das Volk zurückgeben mussten, was sie sich in den Zeiten der Willkür unter den Nagel gerissen haben. Aus dem Feudalismus ist Kapitalismus geworden, da hat sich nur ein Wort geändert. Wenn die Grafen von Selbherr auch keine Grafen mehr sind: mit dem Erbe ihrer Vorväter machen sie prächtige Geschäfte.«

»Sie mögen die Selbherrs nicht leiden, stimmt's?«

»Junger Mann, Sie sind merkwürdig neugierig. Fakt ist, dass der Junior einschneidende Veränderungen plant, wo der alte Graf jetzt aus dem Spiel ist. Die Bauern in Aulenrith sind sehr beunruhigt. – Genug geschwätzt! Ich muss weiter.«

Daniel hatte aber noch eine Frage. »Können Sie mir sagen, wo das Krause Kreuz ist? Das soll hier irgendwo in der Nähe sein.«

Der Mann legte den Kopf schief und zupfte an seinem Kinnbart. Offenbar dachte er angestrengt über den jungen Mann nach, der so viele Fragen stellte. »Sie sind nicht aus dieser Gegend?«

»Nein, ich komme aus dem Ruhrgebiet. Ich bin nur zu Besuch.«

Der Mann deutete nach Süden. »Sie müssen auf der Straße am Schloss vorbei bis zur Kurve. Da beginnt auf der rechten Seite ein Fahrweg, der verläuft am Waldrand entlang. Wenn Sie den gehen, erreichen Sie nach ungefähr dreihundert Metern ein steinernes Wegkreuz. Der Name Krauses Kreuz ist übrigens irreführend, da ist im Laufe der Zeit ein Konsonant verändert worden. Grauses

Kreuz hieß das ursprünglich. Graus, grausig, gruselig. Dort stand nämlich einmal der Galgen und da wurden nicht nur Diebe und Mörder aufgehängt, sondern auch Menschen, die man für Ketzer oder Gotteslästerer oder Hexen hielt. Die Zisterziensermönche haben sich damals wie Inquisitoren aufgeführt. Aber so genau wollen Sie das sicher nicht wissen. – Adieu!«

Doch, wollte Daniel antworten, ich möchte es ganz genau wissen, aber der Mann hatte sich schon mit schnellen Schritten entfernt. Daniel rieb sich Wasserlinsen und Modder von den Füßen und zog Socken und Schuhe wieder an. Er hörte Kinderstimmen. Spaziergänger näherten sich. Der Zauber war verflogen.

Backofenhitze knallte ihm entgegen, als er die Wagentür öffnete. Trotzdem stieg Daniel sofort ein. Er ließ die Seitenfenster hinuntergleiten und schaltete die Klimaanlage ein. Er fuhr bis zur Zufahrt zum Schloss hinunter, weil er erst dort wenden konnte. Das Städtchen lag in gemächlicher Sonntagnachmittagsstille. Auf den Bänken beim Marktbrunnen sonnten sich ein paar alte Leute, auf den Kirchenstufen spielten Mädchen mit Barbiepuppen. Daniel parkte den Astra im Schatten neben dem Goldenen Lamm. An einem Tisch in der Gaststube saß ein fröhlich schnatterndes Grüppchen bei Kaffee und Kuchen. Daniel nahm den Zimmerschlüssel vom Brett.

Zuerst machte er das Fenster weit auf, wusch sich das heiße Gesicht und trank gierig Wasser aus dem Zahnputzbecher. Dann nahm er das Handy aus der Reisetasche und tippte Oma Meckys Durchwahlnummer. Sie sei gerade beim Schachspiel mit der Zimmernachbarin, erklärte Oma Mecky und wollte damit wohl andeuten, dass Daniel sich kurz zu fassen habe. Ja, es gehe ihr den Umständen entsprechend gut, der Stationsarzt habe durchblicken lassen, dass sie in vier, fünf Tagen vielleicht nach Hause könne, wenn es nicht noch irgendwelche Komplikationen gebe.

»Hört sich doch gut an, Mecky.«

»Und wo treibst du dich gerade rum?«

»Nördlich von Bremen. Ich glaube, die Gegend heißt Teufelsmoor oder so. Worpswede – sagt dir das was?«

»Aber klar doch. Das ist ein berühmtes Künstlerdorf. Paula Modersohn-Becker hat dort gelebt. Ich liebe die klaren Farben ihrer wunderbaren Bilder!«

»Das Kaff wimmelt von Touristen, und das Moor ist auch nicht das, was ich für unser Filmprojekt suche. Ich fahre heute noch weiter, auf der Landkarte hab ich da was in der Lüneburger Heide entdeckt.«

»Rufst du mich morgen wieder an?«

»Logo. Und pass auf den Springer auf, sonst bist du gleich schachmatt. Mach's gut, Mecky!«

»Frechdachs! Soll ich dir ein paar hinter die Ohren hauen?«

Daniel lachte. »Aber nicht mit dem linken Arm. Ciao!«

Er ließ sich auf das Bett fallen und dachte über die Erlebnisse des Tages nach. Der Mann mit dem Ziegenbärtchen hatte erwähnt, dass der alte Graf jetzt aus dem Spiel sei. Was bedeutete das? Was für einschneidende Veränderungen waren das, die die Bauern beunruhigten? Daniel dachte auch an die Begegnung mit den Leuten vom Schloss, die ihm bevorstand. Der Gedanke machte ihn nervös.

Später schlenderte Daniel durch die Straßen am Rande des Marktplatzes. Er hatte Lust auf Fritten und Currywurst. Er fand auch einen Schnellimbiss, doch er ging nicht hinein, weil an den Stehtischen und an der Theke ein Pulk junger Leute lärmte. Das fehlte ihm gerade noch, dass er von Angetrunkenen blöde begafft und angepöbelt würde! Ääāh, der Filmfuzzy! – Kommen wir alle ins Fernsehen? – He, du Starregisseur, ich bin Brad Pitt! Krieg ich ’ne Hauptrolle, wenn ich dir einen ausgebe?

Daniel ging zum Gasthof zurück. Alle Tische waren besetzt. Die Wirtin bemerkte sein Zögern, nahm ihn beim Arm und bugsierte ihn zum Stammtisch, an dem nur zwei Männer hockten. Sie hatten Mostgläser und Bretter mit Schinkenspeck vor sich. Daniels Gruß erwiderten sie knapp, doch sie musterten ihn von oben bis unten.

Frau Lehleitner sagte betulich: »Ich bring Ihnen die Karte, Herr Michels, gelle? Sie werden gewiss hungrig sein. War’s denn ein erfolgreicher Tag für Sie?«

»Ja, doch. Ging so. Ich würde gern etwas Kaltes essen.«

»Da empfehle ich Ihnen unsere Schlachtplatte.«

Daniel hob die Hände. »Nein, lieber was Leichteres.«

»Und wie wär’s mit einem Wurschtsalat? Das ist eine Spezialität unseres Hauses. Alles ganz frisch.«

Daniel nickte. »Klingt gut, ja, nehme ich. Und bitte ein Bier dazu. Es war ziemlich heiß heute.«

Der Wirt brachte das Bier, später kam Daniela mit dem Tablett aus der Küche geeilt. Sie schwitzte sehr. Daniel dachte: Dass sie ausgerechnet Daniela heißt! Der Wurstsalat sah lecker aus: Streifen von Fleischwurst und Käse, Zwiebelringe, Gurkenstückchen. Eine Mammutportion. Im Körbchen lagen dicke Scheiben von dem Brot mit der schönen Kruste.

Daniela beugte sich zu ihm hinab und flüsterte verschwörerisch: »Na, haben Sie die richtigen Drehorte gefunden?«

»Mehr oder weniger. Ich bin mir noch nicht ganz schlüssig. Morgen mache ich mal ein paar Probeaufnahmen.«

Probeaufnahmen! Das Wort schien sie zu elektrisieren. »Werden denn auch Nebendarsteller aus unserer Stadt gebraucht? Komparsen oder so? Ich mein, wenn's so weit ist.«

Am liebsten hätte Daniel geantwortet: Mädchen, und wenn du noch so sehr die Fettgewebe deiner Milchdrüsen vor meiner Nase baumeln lässt, du kämst bei mir niemals ins Bild. Er brummte nur: »So weit ist es aber noch nicht.«

Er aß und trank hastig, weil ihn das dröhnende Gespräch der beiden Männer über selbstklebende Fußbodenfliesen nervte. Der Salat schmeckte gut, Daniel schaffte aber nur die Hälfte. Er ging hinauf in sein Zimmerchen und las noch lange. Als die Kirchturmuhr Mitternacht schlug, klappte er das Buch zu.

Daniel schlief unruhig in dieser Nacht.

DER MANN IM ROLLSTUHL

Der »Zuwiderhandelnde« Daniel brauchte sich nicht durch Hainbuchenhecken zu zwängen oder an überhängenden Baumästen in den Parkgarten zu hangeln. Es war alles ganz einfach.

Nach üppigem Frühstück war er losgefahren und an der zweiten Zufahrt zum Schloss, die zum Hintertor führte, von der Straße abgebogen. Erstaunt sah er, dass hier schon mehrere Fahrzeuge abgestellt waren: Pkws, Kleintransporter von Firmen, Anhänger mit Handwerksgerät und Baumaterial. Das Tor stand offen. Er sah Männer in Arbeitskleidung. Daniel suchte sich eine Parklücke, der Astra fiel zwischen den anderen Autos nicht auf. Mit der Kameratasche über der Schulter ging Daniel einfach durch das Tor. Er sah, dass Arbeiter dabei waren, im äußeren Teil des Ostflügels Metallgerüste zu montieren. Die hohen Fensterflügel waren ausgehängt.

Niemand schien ihn zu beobachten, als er auf dem Kiesweg dicht an der Hecke entlang dem hinteren Bereich des Gartens zustrebte, wahrscheinlich war das den Männern sowieso gleichgültig. Auch die Gärtner in den Gewächshäusern und die Frau im grünen Dress, die wie ein Äffchen auf einem schnurrenden Aufsitzmäher hockte und eine Rasenfläche zwischen Blumenrabatten rasierte, beachteten ihn nicht. Es wurde renoviert im Schloss, da herrschte wohl allgemeiner Ausnahmezustand, da hatte man keinen Blick für einen Zuwiderhandelnden.

Bald war Daniel hinter Büschen und Bäumen verschwunden. Er blies erst einmal die Luft aus den Backen, die Anspannung, die ihn gepackt hatte, verflog. Er kauerte bei einem Ensemble zierlicher weißer Bänke in einer zum Schloss hin geöffneten Laube nieder. Klematisranken mit praller Blütenpracht überwucherten das fein geflochtene Gitterwerk.

Aus dieser Position hatte Daniel das ganze Gartenareal mit dem Schloss und den Nebengebäuden vor sich. Das düstere Haus der Forstverwaltung hatte etwas Bedrohliches, wirkte wie ein Fremdkörper neben der Leichtigkeit des Schlosses. Der weite Garten, in wundervollem Rhythmus komponiert, war für Daniel eine Augenweide. Bäume, Sträucher, Blumenbeete, Statuen, Wasserspiele, Wege und umrankte Säulen waren in reizvollen Proportionen zueinander gestaltet, im Hintergrund erhoben sich die dicht bewaldeten Hügel. Ein Meister der Rokoko-Gartenkunst war hier einst am Werk gewesen, eindeutig hatten die Gärtner sein Erbe über die Zeiten bewahrt. An einem kleinen Gewässer stolzierten die Kronenkraniche.

Daniel stellte sich Sommerfeste vor. Abendstimmung. Überall brannten Kerzen auf Silberleuchtern. Frauen und Männer, prächtig gewandet, tanzten Menuett, die Musiker spielten Melodien von Mozart oder Vivaldi. Und da hüpften auch fröhliche Kinder um die Rosenbäumchen. Eines der Kinder war das Mädchen Mechthild.

Das Bild verblasste. Daniel wusste doch, dass es sinnlos war, sich in das Kind hineinzudenken, das seine Großmutter einmal gewesen war. Konnte das Kind seine Eltern und seinen Bruder lieben? War das Kind wirklich glücklich? Jedenfalls war das Ende dieser Kindheit böse gewesen.

Daniel war nicht hier, um zu träumen und zu sinnieren. Er packte die Kamera aus. Zuerst der Schwenk von links nach rechts von den Funktionshäusern aus über die gesamte Front des Schlosses bis zum ehemaligen Zisterzienserkloster. Es störte Daniel nicht, dass Handwerker mit Leitern, Gärtner und auch Leute am Eingang der Forstverwaltung mit ins Bild kamen. Dann zoomte er den Giebel mit den feinen Verzierungen und die Umrisse der Waldhügel heran. Als er zum Mittelweg gehen wollte, um verschiedene Figuren und Statuettenformationen auf marmornen Stelen zu filmen, vernahm er plötzlich das leise Plätschern. Er setzte die Kamera ab.

Das Geräusch kam aus der hintersten Nische im Garten. Ein schmaler Sandweg führte in einen Birkenhain. Daniel sah, dass aus einer künstlichen Felswand Wasser in Kaskaden in ein blau gekacheltes Becken floss. Bachstelzen flogen auf, als er sich näherte. In die Wand aus grobem Bruchstein war ein Mosaik eingefügt, groß wie eine Tischtennisplatte. Es zeigte zwei Frauen in anscheinend altgriechischer Kleidung, die Krüge auf den Schultern trugen und zu einem Sternenhimmel aufblickten, an dem ein silberner Stern in Übergröße dargestellt war. Eigentlich passten Felsen und Mosaik nicht zum filigranen Rokokogarten, das Ambiente stammte wohl aus einer späteren Epoche. Romantik, Klassizismus? Daniel kannte sich nicht aus. Jugendstil vielleicht. Kitsch oder nicht: Die Melancholie, die von diesem Bild ausging, berührte ihn. Die Schrift aus bunten Mosaiksteinchen war nur schwer zu entziffern.

Abendstern, alles bringst du wieder,
was die schimmernde Morgenröte zerstreute.
Bringst wieder das Schaf, bringst wieder die Ziege,
bringst wieder der Mutter ihr Kind.

Sappho

Ach ja, die Dichterin aus dem Altertum, die die Insel Lesbos berühmt gemacht hatte, auf der sie mit einer Schar von Jungfrauen so eine Art Priesterinnendasein geführt hatte: Geburtsstunde der Lesbenbewegung. Oder auch nicht. Mythen aus der Welt der Sagen. Aber Daniel hatte das Gefühl, als lauschte er dem Klang dieser Zeilen nach. Eine Erinnerung?

Auf einmal wusste er, dass er diesen Spruch der Sappho schon einmal gelesen hatte. Verdammt, wo bloß? Er marterte sein Gedächtnis, es dauerte Minuten, bis es ihm einfiel. Als kleiner Junge hatte er in einem Buch auf Oma Meckys Nachttisch ein Lesezeichen aus Büttenpapier gefunden, auf dem haargenau dieser Text gestanden hatte. Er hatte die Wörter buchstabiert, aber nicht verstanden. Oma Mecky hatte ihm erklärt, sie habe das selbst mit der Kunstschriftfeder aufgeschrieben und Sappho sei in dunkler Vorzeit eine berühmte Seherin gewesen. – Er hatte selbstverständlich nicht gewusst, was eine Seherin ist.

Ein Stück entfernt vom Kaskadenbrunnen entdeckte Daniel einen schulterhohen Betonquader. Was hatte dieser hässliche Klotz in dieser herrlichen Umgebung zu bedeuten? Da waren kleine Löcher auf der Vorderseite zu sehen. Daniel vermutete, dass hier einmal Metallbuchstaben befestigt worden waren. Und dann kam ihm auch die Ahnung, wessen Bronzeschädel auf diesem Sockel präsentiert worden war. Daniel wusste wieder, warum er nach Aulenrith gekommen war.

Er verließ den Birkenhain und setzte seine Arbeit fort.

Das Sirren schreckte ihn auf. Ein Mann in einem Elektro-Rollstuhl fuhr auf ihn zu. Als er nahe genug heran war, erkannte Daniel, dass es ein sehr alter Mann war, haarlos der Kopf, gekrümmt wie bei einem Geier die ausgeprägte Nase. Der Mann trug trotz der Hitze einen schwarzen Anzug und eine silbergraue Fliege. Auffallend waren die enorm langen bleichen Hände. Die Augen lagen tief im ausgemergelten Gesicht und signalisierten Aggressivität. Daniel blieb stocksteif stehen und fürchtete sich.

»Warum bist du nicht an der Front?« Eine Stimme, die vielleicht einmal herrisch und anmaßend gewesen war, jetzt hörte sie sich röchelnd und brüchig an.

Natürlich war Daniel sprachlos. Was sollte er auf solch eine Frage antworten? Er stammelte einen Gruß, grinste gequält und wusste sofort, wer der alte Mann war. Oma Mecky hatte auch eine markante Nase. Daniel begriff nun auch, was die beiden jungen Reiter mit »gaga« gemeint hatten. Der Wanderer im Ried hatte angedeutet, dass der Junior nun seine Pläne verwirklichen könne, weil der Alte aus dem Spiel sei. Hatte man ihn offiziell für geschäftsunfähig erklärt? So hieß das doch, wenn jemand wegen Senilität entmündigt wurde. Altersschwachsinn, Verkalkung. Daniel hatte Schwierigkeiten, seine Gedanken zu ordnen. Was fühlte er? Fühlte er überhaupt etwas? Da war der Satz aus dem Tagebuch: *Konrad weiß alles!* Und dann die Frage: *Hat er uns belauert?* Daniel starrte den Mann an, der Oma Meckys Bruder war, und versuchte ihn zu hassen. Dieser Mann ist also mein Großonkel, dachte Daniel.

»Drückeberger sind Schwächlinge. Der Dienst für das Vaterland ist heilige Pflicht. Der Führer braucht Soldaten. Ich werde dafür sorgen, dass du unverzüglich eingezogen wirst.«

Daniel vermochte den Blick des Greises nicht zu deuten. Bösartigkeit? Fanatismus? Oder einfach nur Verwirrtheit? Daniel spürte beinahe körperlich die Kälte, die von dem Mann ausging. Konrad Graf von Selbherr: ein Dinosaurier. Es war blödsinnig, das zu sagen, aber Daniel sagte es trotzdem: »Der Krieg wurde vor einigen Jahrzehnten beendet. Der Führer ist tot.«

Der Mann bemühte sich vergeblich, den Oberkörper zu straffen. »Wehrkraftzersetzung! Ich zeige dich an. Wie ist dein Name?«

»Selb… Äh, Michels, Daniel Michels.« Am liebsten hätte Daniel sich in den Hintern getreten. Was war bloß in ihn gefahren, dass er sich von dem debilen alten Mann anschnauzen ließ und dann auch noch brav seinen Namen sagte!

Es war, als ob der alte Mann in sich zusammensackte. Die Kraftanstrengung hatte ihn offensichtlich überfordert. Speichel lief aus seinen Mundwinkeln. Die Augenlider erschlafften. Nahm er Daniels Gegenwart überhaupt noch wahr? Kaum hörbar brabbelte er vor sich hin. »Die Ostfront steht … Stalingrad, geniale Finte. Der Russe geht in die Falle. Führer, befiehl! Wir folgen dir … Raumgewinn, Polen, Tschechen, der Franzose geschlagen …«

Daniel hörte nicht zu. Er war jetzt der kühle Kameramann. Nahaufnahme vom bleichen Gesicht des alten Grafen. Die Hände, ja, die Hände. Umrundung des Rollstuhls. Und dann noch einmal der gesenkte Kopf vor den unscharfen Konturen des Schlosses. Dies war ein Teil der Ahnenforschung. Konrad, der damals Mechthilds und Alphonses Liebe zerstörte. Cut! Okay, Take Konrad Graf von Selbherr war im Kasten.

Plötzlich wurde die Fistelstimme schrill. »Rommel hat versagt. Deutsche Fahnen in Afrika … Kamerun und

Deutsch-Südwest, viel zu wenig. Hereroaufstand niedergeschlagen. Der Führer will ganz Afrika haben. Wir brauchen die Bodenschätze. Gold, Diamanten, Erdöl … Der Endsieg, die Weltherrschaft. Deutschland, erwache!« Der alte Mann kicherte und flüsterte verschwörerisch: »Lettow-Vorbeck ist die Geheimwaffe. Damit hat keiner gerechnet. Weg mit Rommel! Lettow-Vorbeck …«

Daniel merkte, dass der Mann die Zeiten durcheinander brachte. Was sollte das Geplapper von Lettow-Vorbeck! Das war doch noch Kaiserzeit gewesen. Daniel erinnerte sich an das Bild im Geschichtsbuch. Paul von Lettow-Vorbeck mit einem komischen Hut, dessen Krempe an einer Seite hochgeklappt war. Und dann das Lied dazu: *Wie oft sind wir geschritten auf schmalem Negerpfad* … Der war doch Kommandeur der deutschen Schutztruppen gewesen im Ersten Weltkrieg, der Lettow-Vorbeck. In Deutsch-Ostafrika – oder wo? Egal. Daniel hatte Kriegshelden schon immer zum Kotzen gefunden, ob sie Alexander, Xerxes, Hannibal, Caesar oder Lettow-Vorbeck hießen, machtgeile Eroberer, die ihre Truppen verheizten und Leben zerstörten. Führer, befiehl! Wir folgen dir. Die bekloppte Masse sehnte sich immer nach Führern, da brauchte man nicht selber zu denken. Daniel zischte: »Heil Hitler, Herr Graf!«

Die Stimme des Greises war kaum zu vernehmen. »Vorwärts im Osten … Wir sind noch immer da. Erhobenen Hauptes …«

Eine Frau in weißen Shorts, deren Alter Daniel nicht einzuschätzen wusste, kam strammen Schrittes herbeigeeilt. Sie warf Daniel einen argwöhnischen Blick zu, registrierte auch, dass er eine Filmkamera auf der Schulter trug. Vielleicht gehörte sie zur Familie, vielleicht war sie eine Krankenpflegerin. Sie stellte den Elektromotor ab. »So in der prallen Sonne, das ist ungesund.« Sie wendete den Rollstuhl und schob ihn in Richtung Schloss. Daniels Gruß hatte sie nicht erwidert.

Der alte Mann war eingeschlafen.

Daniel versuchte, die richtigen Worte für seinen mentalen Zustand zu finden. Die Begegnung war ein Albtraum gewesen. Aber was hatte er erwartet? Erstaunlich, dass er sich darüber vorher keine Gedanken gemacht hatte. Die Situation in ihrer Plötzlichkeit hatte ihn überrumpelt. Kalt erwischt. Aber war auf der langen Autofahrt nicht Zeit genug gewesen, sich die Konfrontation mit Oma Meckys Bruder auszumalen? Die Frage nach den richtigen Worten quälte ihn sehr. Hass? Zorn? Vielleicht Ekel? Ekel – das konnte sein. Aber dann fielen ihm passendere Begriffe ein: Belanglosigkeit, Ernüchterung. Und Enttäuschung im Sinne des Wortes.

Vergeblich versuchte Daniel, sich den Konrad aus der Tagebuchaufzeichnung vorzustellen. Die Gegenwart war so banal: ein seibernder, gebrechlicher, schwachsinniger Greis.

Eine andere Frage drängte sich vor. Wie hatte Alphonse damals ausgesehen? Ein smarter, hübscher, blutjunger Typ wahrscheinlich, noch nicht einmal ein Twen, und er und das Mädchen Mechthild hatten sich spontan ineinander verliebt, als sie sich sahen, obwohl sie noch kein Wort miteinander gesprochen hatten. Sozusagen Liebe auf den ersten Blick. Manchmal waren Redensarten anscheinend keine Floskeln. Daniel dachte: Der Erzeuger meines Vaters, mein Großvater – verdammt, warum durfte ich ihn nicht kennen lernen?

Daniel stellte sich vor, wie die sechs französischen Kriegsgefangenen in dem engen Speicherhäuschen die Nächte verbrachten, voll Heimweh, wahrscheinlich verroht vom Krieg, mit vulgären Witzen die Sehnsucht nach ihren Frauen überspielend. Und einer von ihnen war Alphonse gewesen – noch viel zu jung, um an einem Weltkrieg teilzunehmen.

Völliger Unsinn, dieser Gedanke! Daniel strich ihn wieder aus. Das hatte doch nichts mit dem Alter zu tun. Der ganze Krieg war Wahnsinn gewesen. Es gab doch keine Altersgrenze, ab der man reif war für den Wahnsinn.

Was war mit Alphonse geschehen? Daniel hatte die letzte Zeile im Tagebuch deutlich vor Augen: *Alphonse, wo bist du? Ich kann doch nicht ohne dich –*

Schluss. Mitten im Satz abgebrochen.

GOETHE, SCHILLER UND DIE PLÄNE DES GRAFEN

Es war so etwas wie bedrohliche Lautlosigkeit. Daniel wurde jäh aus seinen Gedanken gerissen, als plötzlich die zwei Schäferhunde vor ihm standen. Sie bellten nicht, sie knurrten nicht, sie hechelten nicht: Sie verursachten kein Geräusch. Daniel glaubte an die Umkehrung einer sattsam bekannten Redensart: Hunde, die beißen, bellen nicht. Die beiden enorm großen Tiere schauten ihn mit geradezu kalter Sachlichkeit an. Daniel verkrampfte bis in die Haarspitzen. Schweiß rann ihm in die Augen, doch er wagte nicht mit der Wimper zu zucken. Gefahr!

Es dauerte ewig lange Sekunden, bis endlich der Mann kam. Daniel atmete erleichtert aus. Ein Mittfünfziger im Landlord-Look: Raulederstiefel, helle Reithose, Tweedjacke mit Lederaufnähern im Ellenbogenbereich. Nur die doppelläufige Jagdflinte fehlte. Daniel kannte diesen Typ aus zahlreichen Filmen, die auf britischen Adelssitzen in der Provinz spielten. Da rotteten sich dann immer schrullige Figuren der feinen dekadenten Gesellschaft zusammen, und dann kam es zur Katastrophe. Aber dies war kein Film. Das graue Haar und der Oberlippenbart des Mannes waren exakt geschnitten. Daniel wusste, wen er vor sich hatte.

»Down, Wotan! Down, Thor!«

Die Schäferhunde gehorchten sofort, hielten aber die Blicke auf Daniels Gesicht gerichtet. Sie schienen sprungbereit zu sein.

Der Mann wippte lässig mit einer Reitgerte und betrachtete Daniel von oben bis unten, wie man eine Ware prüft. »Was treiben Sie hier?« Die Stimme war unaufgeregt und kühl.

Daniels Gedanken funktionierten nach den ersten Schrecksekunden wieder normal. Im Flunkern hatte er ja inzwischen Routine. Er setzte ein freundliches Lächeln auf und heuchelte leichte Verlegenheit.

Mit einem Seitenblick auf seine Kamera sagte er: »Diese herrliche Schlossanlage mit dem einzigartigen Rokokogarten! Ich will nur ein paar Filmaufnahmen machen. Pardon, das wird doch wohl erlaubt sein.«

»Haben Sie das Schild am Tor nicht gelesen?«, fragte der Mann abweisend.

Ich weiß, dachte Daniel, Zuwiderhandelnde werden belangt, doch jetzt herrschte ja Ausnahmezustand. Er wies zum Ostflügel hinüber. Und dann die Ausrede: »Wo das Tor offen steht und all die Handwerker herumlaufen, also, da hab ich mir gedacht, da stört's doch niemanden, wenn ich mir das alles mal anschaue und ein bisschen filme. Ich bin ja eigens angereist, weil ich großes Interesse habe an diesem zauberhaften Ambiente …«

»Interesse?« Der Blick des Mannes signalisierte argwöhnische Wachsamkeit. »Was für ein Interesse? Würden Sie dieses Interesse bitte präzisieren?«

Präzisieren, klar, Graf junior hatte ihm das Stichwort gegeben. Also plapperte Daniel drauflos. Den Tipp habe er von einem Kommilitonen bekommen, der kenne sich in dieser Gegend gut aus, weil er aus Ravensburg stamme. Für die geplante Produktion könne Schloss Aulenrith der ideale Drehort sein.

»Produktion? Drehort? – Wie darf ich das verstehen?« Der Mann fixierte Daniel scharf, aber nicht abweisend. Anscheinend hatten die beiden Wörter bei ihm Aufmerksamkeit erzeugt.

»Ich studiere Regie an der Kölner Filmschule. Es ist ein internationales Institut, wie Sie vielleicht wissen. Für mein Zwischenexamen habe ich ein Exposé entwickelt, das wurde von den Dozenten spontan akzeptiert, und da spielt ein spätbarockes Schloss eine entscheidende Rolle.« Das habe ich verdammt gut gesagt. Daniel klopfte sich im Geiste auf die Schulter.

Der Mann schien aber skeptisch zu sein. »Mich irritiert Ihr Alter. Sie sind doch höchstens …«

Daniel unterbrach mit großer Geste und mimte Heiterkeit. »Das habe ich erwartet. Mein Privatproblem. Ich habe vor drei Jahren Abitur gemacht, aber ich werde dauernd für jünger gehalten als ich bin. Wie oft ich schon von Polizisten angehalten worden bin, weil die meinen Führerschein überprüfen wollten, na! Ich heiße übrigens Daniel Michels. Darf ich davon ausgehen, dass Sie Graf Konrad von Selbherr sind?«

»Aha, Sie haben sich schon erkundigt.« War da ein spöttischer Unterton in der Stimme?

»Da war nicht viel zu erkundigen«, beeilte Daniel sich zu erklären, »im Goldenen Lamm hat man mir erzählt, dass Schloss Aulenrith seit Generationen im Besitz der Grafen von Selbherr sei und dass der jeweilige Schlossherr den Vornamen Konrad habe.«

Ein Zucken im Schnurrbart ließ auf kurzes Schmunzeln schließen. »Wir halten viel auf Tradition. Aber lassen Sie den Grafen getrost weg. Von Selbherr genügt als Anrede. Mein Vater allerdings besteht darauf, mit Herr Graf angesprochen zu werden. – Sie haben ihn kennen gelernt?«

Daniel schüttelte heftig den Kopf. »Nein, das kann man nicht sagen. Wir haben nur ein paar Worte gewechselt, da wurde er von einer Dame abgeholt.«

Herr von Selbherr zögerte Sekunden, dann sagte er: »Mein Vater leidet bisweilen unter Phasen von geistiger Erschöpfung. Das ist altersbedingt.« Mit einer Handbewegung tat er das ab, als habe es nichts zu bedeuten. »So ein Filmprojekt, das ist doch vermutlich extrem teuer. Wie wollen Sie das denn finanzieren?«

Während Daniel wortreich von dem Glücksfall schwadronierte, dass er und sein Team mit großzügiger Unterstützung durch die Filmförderung des Landes Nordrhein-Westfalen rechnen könne, lagen die beiden Hunde fast regungslos auf dem gestampften Sand des Weges. Die Köpfe zwischen den Pfoten bewegten sich nur kurz, wenn Fliegen ihren Augen und den Nasen zu nahe kamen. Sie schienen den Fremden nicht zu beachten, doch Daniel ließ sich nicht täuschen. Er spürte es am ganzen Körper, dass die Schäferhunde ihn belauerten. Den Juniorgrafen wusste er nicht einzuschätzen, er empfand ihn nicht als unsympathisch, ahnte aber, dass er vor diesem Mann auf der Hut sein musste. Oma Meckys Neffe, Cousin seines Vaters. Wie sein eigener Verwandtschaftsgrad zu dem Mann zu bezeichnen war, wollte er nicht wissen. Jedenfalls bestand Blutsverwandtschaft, obwohl das Mädchen Mechthild damals doch wohl aus der Familie ausgeschlossen worden war. Ein beunruhigendes Gefühl.

Daniel gab zu verstehen, dass ihm die Fördermittel vor allem deswegen zugesagt worden waren, weil sein erster Film ja in Berlin mit einem Sonderpreis ausgezeichnet worden sei und anschließend beachtliche Fernsehkritiken erhalten habe. Die Schwindelei machte ihm inzwischen Spaß, die Nerven beruhigten sich. »Haben Sie vielleicht zufällig meinen Streifen über Klaus Störtebeker gesehen? Er wurde am zweiten Weihnachtstag im ARD-Programm ausgestrahlt.«

»Nein, nicht dass ich wüsste.« War der Mann irgendwie von Daniels Lügen beeindruckt? Er klopfte mit der Reitgerte im Takt gegen den rechten Stiefel. »Und Sie glauben, dass ich zu etwaigen Dreharbeiten auf dem Schlossgelände meine Einwilligung gäbe?«

»Glauben wäre zu viel gesagt. Sie wissen ja noch nichts über das Projekt.« Daniel gab sich Mühe, sein Gesicht zu charmantem Lächeln zu verziehen. »Aber ich habe die Hoffnung, dass Sie nicht von vornherein nein sagen. Ich bin ja auch noch dabei, mir einen Eindruck zu verschaffen. Doch was ich sehe, also, das törnt mich mächtig an, wenn ich das mal so flapsig ausdrücken darf.« Daniel nahm die Kamera ans Auge, richtete sie auf das Haupthaus und ließ sie für Sekunden schnurren. Dass er dabei auch das Gesicht des Mannes mit ins Bild bekam, merkte der nicht. Das Gesicht von Konrad junior brauchte Daniel unbedingt. Er wollte doch zu seinem Vater sagen: Schau ihn dir an, Alfons, das ist dein schneidiger Vetter Konrad.

»Jetzt filmen Sie ja schon wieder ohne meine Erlaubnis!« Das hörte sich nicht besonders vorwurfsvoll an, eher wie eine milde Ermahnung.

»Nur eine Ideenskizze, sozusagen. Für die Produktionsvorbereitungen brauche ich doch optische Belege. Über den Drehort entscheide ich ja nicht allein.«

»Allerdings!« Von Selbherr reagierte plötzlich zornig. »Ich höre mir das alles an, aber das heißt noch gar nichts. Man kennt das ja, dass Filmfritzen ein Chaos hinterlassen, wenn sie mit der Dreharbeit fertig sind. Meinen Sie, ich lasse mir von Kabelträgern, Kameraleuten und Beleuchtern den Garten ruinieren? Da kommt doch immer ein ganzes Heer angetrampelt. Elefantenmäßig.«

»Aber nein!« Daniel tat entsetzt. »Wir würden natürlich mit kleiner Besetzung arbeiten und äußerst vorsichtig sein, das kann ich garantieren.« Verschwörerisch fügte er hinzu: »Meine Vorbilder sind Regisseure wie Stanley Kubrick, Jean-Luc Godard, Steven Spielberg und Claude Chabrol. Die haben auch immer mit kleinem Equipment gearbeitet.« Das war natürlich absoluter Blödsinn. Daniel begriff, dass er sich mäßigen musste. Wenn der Junior Verdacht schöpfte und den Bluff durchschaute, kämen wahrscheinlich die Hunde zum Einsatz.

»So etwas sagt sich leicht, Herr … Wie war noch der Name?«

»Michels, Daniel Michels.« Daniel sagte wie beiläufig, obwohl das jetzt sein entscheidender Köder war: »Es versteht sich von selbst, dass im Abspann die Gastfreundschaft des Hauses Aulenrith deutlich herausgestellt würde – und natürlich ganz besonders die Unterstützung durch die Grafen von Selbherr. Das Schloss würde bekannt, den Zuschauern blieben die eindrucksvollen Bilder in Erinnerung. Das wär doch keine schlechte PR. Ich meine, wo Sie doch gewisse Pläne haben.«

»Ach ja? Woher wollen Sie das wissen?«

Daniel gab durch leichtes Kopfschütteln zu verstehen, dass das doch eigentlich etwas Nebensächliches sei. »Ich hab's so mit halbem Ohr aufgeschnappt. Im Goldenen Lamm wurde darüber geredet. Irgendwas von 'ner wissenschaftlichen Analyse und dass die Heilkräfte der Moorerde genutzt werden sollen und so.«

Von Selbherr wandte sich dem Schloss zu und wedelte mit der Gerte. »In der Tat, hier wird sich manches ändern. Mit den Umbauarbeiten im Ostflügel haben wir ja schon begonnen. – Sagen Sie, wollten Sie mir nicht etwas vom Inhalt Ihres geplanten Filmes erzählen?«

Eine neue Geschichte musste her. Jetzt sofort. Aus dem Stand. Daniel musste glaubhaft begründen, warum ein Barockschloss als Schauplatz so wichtig war. Als er nun drauflosredete, konnte er nicht wissen, dass er einen entscheidenden Fehler machte. Er überspannte den Bogen. Goethe und Schiller mussten herhalten für die neue Geschichte, bescheidener ging es nicht. Goethe lädt also den Freund und Rivalen Schiller zu einer geheimen Aussprache auf das Schloss eines befreundeten Grafen. »Goethe neidet Schiller den Erfolg. Verstehen Sie? Schiller kommt mit seinen Stücken beim Publikum rasend gut an, er ist der Star, verdrängt Goethe sozusagen auf den zweiten Platz. Diese Schmach kann der Großmeister nicht ertragen, er will Schiller zu einer Schreibpause überreden und bietet ihm sogar Geld.«

Der Juniorgraf hörte aufmerksam zu. Seinem Gesicht war nicht abzulesen, ob ihm der Plot gefiel. »Und wie geht die Sache aus?«

»Blutig«, erklärte Daniel. »Es soll ja eine surreale Satire sein, eine Farce. So eine Art Denkmalsturz. Die heiligen Dichterfürsten sollen vom Sockel geholt werden. Nach ihrem Disput werden sie sich duellieren. Ich muss mir noch überlegen, ob ich sie im Abendrot vor der Schlosskulisse mit Degen fechten lasse oder ob sie im Morgengrauen mit Pistolen aufeinander schießen.«

»Sie wollen also die größten deutschen Dichter durch den Kakao ziehen. Schämen Sie sich nicht?«

Das war ernst gemeint, da schwangen Empörung und Verachtung mit. Erschrocken erkannte Daniel, dass er die falsche Geschichte erzählt hatte. Er leckte sich salzigen Schweiß von den verhärteten Lippen und beschimpfte sich lautlos als den dümmsten Idioten unter der Sonne. Es war doch logisch, dass man im Herrenhaus derer von Selbherr deutsche Helden verehrte. Kriegshelden oder Sportshelden oder Dichterhelden: völlig egal. Hauptsache deutsch. Daniel fragte sich verzweifelt, warum er sich zum Clown machte und so besessen das Schloss am Moor und die Leute dazu ausforschte. Ging es ihm wirklich nur darum, die Eltern und vielleicht auch Oma Mecky für die große Lüge zu bestrafen?

Jetzt musste er erst einmal weiterlabern, um aus dieser beschissenen Situation herauszukommen, in die er sich wie ein Depp hineingeritten hatte. Also erst einmal herzlich lachen. »Das sehen Sie ganz falsch, Herr von Selbherr, lassen Sie sich nicht täuschen! Der Sinn des Projektes ist es ja gerade, Goethe und Schiller ins Bewusstsein der Leute zu rücken, sie populär zu machen. Alle reden von Goethe und Schiller, aber kaum jemand hat ihre Werke gelesen. Ich will das Denkmal gewissermaßen entstauben. Die Botschaft lautet: Leute, lest die großen deutschen Klassiker! – Das wird übrigens besonders deutlich in einer versöhnlichen Schlussszene.« Daniel grinste verschmitzt. »Die verrate ich Ihnen aber noch nicht. Ein überraschender Clou ist das.«

Daniel spürte bitteren Magensaft im Mund. Sein albernes Gequatsche setzte ihm zu, doch er durfte nicht aus der

Rolle fallen. Leicht, beschwingt, operettenhaft solle der Film werden, erklärte er, und darum sei die Atmosphäre eines eleganten Barockschlosses und eines zauberhaften Rokokogartens so entscheidend. Romantik, Leichtigkeit, Schönheit … Daniel gebrauchte die Wörter, obwohl sie absurd im Widerspruch standen zu dem geschilderten Krach zwischen Schiller und Goethe, der sogar blutig enden sollte. Hauptsache, der Graf ging ihm auf den Leim.

»Hört sich ja alles nett an, aber bevor ich das Drehbuch nicht gelesen habe, gibt's von mir keine Einwilligung. Dass das mal klar ist!« Aber der Graf fühlte sich eindeutig geschmeichelt. Das Gerede von Eleganz und Leichtigkeit und Schönheit schien bei ihm Wirkung zu erzielen. »Wir planen ein Wellness-Zentrum der Extraklasse. Rehabilitation auf dem Herz-Kreislauf-Sektor. Erholung für gestresste Manager der oberen Etage, wenn Sie verstehen, was ich damit sagen will. Diskreter Luxus und so. Da kann es nicht schaden, wenn Schloss Aulenrith durch die Medien eine gewisse Bekanntheit erfährt.«

Diskreter Luxus? Daniel verstand das richtig. Es bedeutet schweinig teuer, genau richtig für die Snobs mit den dicken Konten. Ihm war das gleichgültig. Er musste jetzt die entscheidende Frage stellen. Das ganze Vorgeplänkel hatte nur dem einen Ziel gedient: Bilder vom Inneren des Schlosses. Dass er hoch pokerte, wusste er. Wenn der Graf sich sperrte, war der wortreiche Goethe-Schiller-Sermon für die Katz gewesen.

Daniel fragte wie beiläufig: »Kann ich mich dann jetzt

ein wenig im Schloss umsehen – wegen der Innenaufnahmen?«

»Das ist doch nicht Ihr Ernst!« Von Selbherr sagte das so laut und empört, dass die Hunde aufschreckten. »Unser Privatbereich ist heilig. Das fehlte noch, dass so ein Rudel Filmleute durch die Wohnräume tobt und unsere Fußböden und Teppiche ruiniert. Schlagen Sie sich das aus dem Kopf, junger Mann!«

»Aber denken Sie doch an das Streitgespräch zwischen Goethe und Schiller, Herr von Selbherr!« Daniel streichelte die Kamera und tat verständnislos. »Da brauchen wir den adäquaten Rahmen und eine stilvolle Location, wie man das im Fachjargon nennt. Unsere Crew ist immer besonders vorsichtig und diskret am Set. Sie können versichert sein, dass nichts beschädigt wird. Und jetzt will ich ja auch nur ein paar kurze Sequenzen drehen, damit die Produktionsleitung einen Eindruck bekommt von der Örtlichkeit.« Daniel hatte weiche Knie.

Der Juniorgraf legte den Kopf schief und überlegte offenbar angestrengt. Dann klemmte er sich die Reitgerte unter den Arm. »Na schön. Wenn es denn unbedingt sein muss. Warten Sie auf mich am Portal. Ich bringe die Hunde in den Zwinger.«

Sehr aufrechten Ganges entfernte sich der Mann, flankiert von den Schäferhunden, in Richtung Forstverwaltung. Das filmte Daniel. Er spürte den Herzschlag in den Ohren.

DAS BILD

Aus der lichten Eingangshalle schwangen sich zwei breite Freitreppen in feinen Bögen zum Obergeschoss. Die marmornen Geländer waren mit Amphoren und stilisierten Akanthusblättern verziert. Daniel zählte sechs weiß lackierte Türen mit geschnitzten Schmuckleisten. Von links waren die Geräusche der Handwerker zu hören, die im Ostflügel arbeiteten. Aus einem der Räume auf der rechten Seite klang Opernmusik. Daniel tippte auf Wagner.

Er setzte die Kamera an und tastete sich Stufe für Stufe zum Rundgang der oberen Etage hinauf. Der Graf ließ ihn gewähren. Daniel stellte sich die verrückte Frage, auf welcher der beiden Treppen das Mädchen Mechthild wohl am liebsten herumgehüpft war. Die Musik passte nicht zur Leichtigkeit dieser Architektur. Daniel dachte: Vielleicht gehören auch gewisse Leute nicht in solch eine heitere Atmosphäre. Er verstand Oma Meckys Traum, wieder das kleine Mädchen zu sein zu Hause in ihrem Schloss. Solche Bilder blieben für immer im Kopf.

Plötzlich erschien die Frau in den weißen Shorts oben an der Balustrade. Sie schaute Daniel wortlos an, als er die Kamera absetzte. Daniel fand ihr ernstes Gesicht schön, er erkannte, dass die Frau älter war, als sie auf den ersten Blick erschien. Das schwarze, glatte, schulterlange Haar war offenbar gefärbt.

»Das ist Herr Michels«, sagte von Selbherr und deutete mit dem Daumen auf Daniel. »Er plant einige Filmaufnahmen bei uns im Schloss.« Den Namen der Frau zu nennen, hielt er wohl nicht für nötig.

»Aha.« Die Frau nickte kurz und verschwand durch eine Tür am Kopfende des Ganges.

Daniel nahm an, dass es sich um Frau von Selbherr handelte, Gräfin von Selbherr, die Ehefrau des Juniorgrafen. Wahrscheinlich war das Wort falsch. Gemahlin musste es wohl heißen.

Von Selbherr war Daniel nach oben gefolgt. Er öffnete eine Flügeltür und ließ Daniel in einen Raum treten, der geradezu bedrohlich anmutete. Was für eine bedrückende Schwere, was für ein Kontrast! Wuchtige Ledersessel, ausladende Sofas, Eichenholzschränke bis zur Decke, Tische mit messingbeschlagenen Beinen, ein riesiger Leuchter aus Hirschgeweihen … Jagdtrophäen in Überfülle auch an der großen Stirnwand: Reh- und Gamsgehörne, Elchschaufeln, Schädelplatten von Hirschen mit ausladenden Geweihen, ausgestopfte Greifvögel und Mardergetier, ein Wildsaukopf mit blanken Hauern. Daniel sah, dass in ein Hirschgeweih ein Kruzifix gepfropft worden war. Sankt Hubertus ließ grüßen. Die großformatigen Kupferstiche an den Seitenwänden zeigten ausschließlich Jagdszenen. Zwischen den beiden schlanken Fenstern prangte ein Wappenschild: drei Eulen auf Silbergrund. Daniel begriff: Aulenrith gleich Eulensumpf. Das Wappen hatte er auch schon über dem Torbogen der Einfahrt zum Schlossgelände gesehen.

Unser Hauswappen!, dachte Daniel für einen Wimpernschlag, doch sofort vertrieb er diesen ekligen Gedanken. Er hatte mit diesen Leuten nichts zu tun. Unscharf stellte er sich vor, dass sich in diesem Zimmer damals der Graf mit seinen Nazifreunden getroffen hatte. Geheime Beratungen, Führerverehrung mit Saufgelage, zum Schluss vielleicht Komplottgeschmiede zur Rettung der eigenen Haut. Und Mechthilds Bruder Konrad war immer dabei gewesen. Daniel überlegte, ob hier wohl auch der Beschluss gefasst worden war, das schwangere Mädchen aus der Familie zu verbannen. Und da war der junge Franzose. Er hatte die deutsche Ehre beleidigt und den Familienruf besudelt. Was sollte mit ihm geschehen? Ein Plan wurde ausgeheckt – hier in diesem Zimmer.

Daniel fragte sich, ob Oma Mecky sich damals wohl vor diesem düsteren Raum mit den Relikten toter Tiere gefürchtet hatte. Die Folianten mit Lederrücken im schmalen Eckregal hatten sie vermutlich kaum gereizt, denn garantiert handelte es sich bei diesen Büchern nicht um Romane, sondern um Beschreibungen von Schlachten und Kriegen und Landeroberung in fernen Ländern.

Das Bild!

Als Daniels Blick auf das Gemälde über dem Glasschrank mit Gewehren, Jagdbüchsen und Kurzwaffen fiel, durchzuckte ihn so etwas wie ein Stromstoß. Das Bild, so groß wie eine Tischplatte, zeigte vier Personen: einen streng blickenden Mann mittleren Alters im Trachtenjanker und mit einer Ordenskette, eine blasse Frau mit Spitzenkragen am blauen Kleid, einen Jungen im Matrosenanzug und ein Mädchen mit schmalem Gesicht und markanter Nase, das ungefähr zehn Jahre alt war. Daniel wusste sofort, wer dieses Mädchen war.

»Interessantes Bild«, sagte Daniel, »wirklich gut gemalt.« Unwillkürlich hob er die Kamera.

Fast schroff erwiderte der Graf: »Das ist privat. Das wird nicht gefilmt. Respektieren Sie das bitte, junger Mann!«

Daniel musste gehorchen, es fiel ihm schwer. So kurz vor dem Ziel seiner Recherchen gestoppt zu werden! Er brauchte doch unbedingt Filmbilder von diesem Gemälde für seine Dokumentation, Beweismaterial seiner Ahnenforschung. »Darf ich fragen, welche Personen auf diesem Bild dargestellt sind?«

»Sie dürfen. Es handelt sich um meine Großeltern, Konrad und Marie-Therese von Selbherr. Der Junge ist mein Vater Konrad von Selbherr.«

»Und das Mädchen?«

»Das ist die Schwester meines Vaters.«

Daniel verstand: Das Mädchen hatte keinen Namen. Persona non grata. Seine Frage musste harmlos klingen, beiläufig, nicht sonderlich wichtig gemeint. »Sie muss ja jetzt schon eine sehr alte Dame sein. Lebt sie auch hier im Schloss?«

»Sie existiert nicht mehr.« Ein Abwinken mit der Hand, ein Wegwischen. »Sagen Sie, Herr Michels, gibt es einen Grund für Ihre Neugier?«

»Nein, nein! Es ist nur … Irgendwie so lebensecht, das Bild. Es hat etwas – wie soll ich sagen? Etwas Magisches.« Das war eine platte Lüge. Daniel fand, dass das Bild keinerlei Glanz hatte, keine Ausstrahlung. Es war sauber gemalt, aber es war eben nur eine Abbildung. Doch für Daniel stellte es ein Beweisstück dar. So also hatte Oma Mecky ausgesehen, als sie noch das Kind Mechthild Gräfin von Selbherr gewesen war.

Der Graf klopfte auf seine Armbanduhr. »Können wir zur Sache kommen? Ich erwarte nämlich den Besuch der Landschaftsarchitekten.« Er öffnete die Tür zum anschließenden Raum.

Welch ein Unterschied! Daniel kam es vor, als beträte er eine andere Epoche. Wie ein Zeitsprung war das. Der Parkettfußboden knirschte leise bei seinen Schritten in den lichtdurchfluteten Raum hinein. War das ein Salon, ein Festraum, ein Saal? Filigrane Biedermeiermöbel waren zu kleinen Oasen komponiert, die kleinen Wandleuchten harmonierten mit der goldgelben Seidentapete. Porzellanfigurinen zierten die niedrigen Schränkchen mit den kunstvoll geschnitzten Ornamenten. Beim rechten Seitenfenster stand ein Spinett. Die gerafften Vorhänge schimmerten silbrig und blassblau. Für Augenblicke erlag Daniel einer Selbsttäuschung. Er sah die Szene vor sich: Goethe steht vom Stuhl auf und geht dem eintretenden Schiller entgegen. Dann beginnt der hitzige Wortwechsel. Wo werden die Kameras aufgestellt?

»Hinreißend«, flüsterte Daniel, »hinreißend! Genau das ist es. Wie ich es von außen vermutet hatte. Das perfekte Ambiente für den Disput der beiden Widersacher. Darf ich mal einen kurzen Schwenk drehen? Die Produzenten – Sie wissen schon.«

Von Selbherr nickte. »Stolpern Sie nicht über die Teppiche.«

Daniel setzte die Kamera an. Er überlegte, ob das Mädchen Mechthild die Schönheit dieses Raumes genossen hatte oder ob das Betreten nur zu festlichen Anlässen erlaubt gewesen war. Empfänge für die High-Snobiety, Weihnachtsfeiern mit edlen Weinen und festlicher Musik, gräfliche Jubiläen … Aber durften hier auch Kinder spielen?

Der Graf war auf den Balkon hinausgetreten. Daniel folgte ihm. Von hier aus waren der See, das Ried und die schier endlosen bewaldeten Höhenrücken zu sehen. Zwei schwarze Schwäne mit zischendem Flügelschlag strebten dem Wasser zu.

Daniel stand und staunte. »Stark, diese Waldkulisse.«

»Die Hügel sind auch dem Gletscher zu verdanken. Er hat nicht nur das Ried gebildet, sondern auch ’ne Menge Sand und Geröll mitgeschleppt und hier abgelagert. Der Untergrund unserer Wälder stammt von weit her.«

»Endmoräne«, sagte Daniel, »ich verstehe.« Er machte

Bilder von der weiten Landschaft. Wahrscheinlich hatte das Mädchen von diesem Balkon aus hinaus in die Ferne geschaut.

Von Selbherr schlug anerkennend die Hände zusammen. »Bravo, Sie kennen ja sogar den Fachausdruck. Ja, eine Endmoräne.« Er deutete in Richtung der Felder und Wiesen und der Bauernhöfe von Aulenrith. »Hier wird sich eine Menge ändern. Das ganze Gelände wird in unsere Planung einbezogen. Golfplatz, Reitställe, Schwimmhalle mit Außenpool. Meine beiden Söhne werden die Kurklinik managen. Der ältere ist Internist …«

»Ich wette, der heißt Konrad!«

Von Selbherr fand den Zwischenruf wohl nicht witzig. Er räusperte sich und redete weiter. »Der jüngere hat Betriebswirtschaftslehre studiert. Im Mittelpunkt werden unterschiedliche Methoden der Anwendung von Moorbädern stehen. Relaxen in jeder Hinsicht, dazu Ernährungsberatung, Entschlackung, Fitnesstraining mit medizinischer Betreuung. *Kurlauben:* das ist das Stichwort. Die Orchideenzucht in unseren Gewächshäusern betreiben wir natürlich weiter. Das wird eine zusätzliche Attraktion für unsere Kurgäste sein.«

Daniel dachte: Er kennt den Werbeprospekt schon auswendig.

Der Juniorgraf zeigte zu den Bauernhöfen von Aulenrith hinüber. »Dort werden Gästehäuser mit exquisiten Appartements entstehen.«

»Aber die Bauern!« Daniel war empört. »Sie können doch die Bauern nicht einfach rausschmeißen.«

»Doch, das können wir. Rausschmeißen ist allerdings in diesem Fall ein absolut unpassender Begriff. Es wird großzügige Abfindungen geben. Die Bewirtschaftung dieser Höfe ist ökonomisch gesehen ohnehin nicht mehr sinnvoll.« Von Selbherr lachte auf. »Da waren mein Großvater und mein Vater schon sehr clever. Die Pachtverträge sind so formuliert, dass Kündigungen zum folgenden Jahr jederzeit möglich sind. Meine Anwälte haben das überprüft.«

Clever! Daniel fand das Wort in diesem Zusammenhang geradezu obszön. Die Furcht der Bauern hatte er gespürt. Die allmächtige Willkür des Adels war nahtlos abgelöst worden von der Willkür der Großgrundbesitzer. Hier ging es um gewaltige Immobiliengeschäfte, da durften doch die Einzelschicksale von ein paar Bauernfamilien keine Rolle spielen. »Finden Sie das fair?«

»Fair?« Der Graf tat erheitert. »Sie sind noch sehr jung, Herr Michels. Von solchen Dingen verstehen Sie nichts. – Warum langweile ich Sie mit solchen Details?«

Weil Sie gern protzen, hätte Daniel antworten können, doch er sagte nur: »Vielleicht weil ich gefragt habe.« Er packte die Kamera in die Tasche. »Ist es Ihnen recht, dass ich mich wieder melde, wenn mein Filmprojekt sozusagen schüttelfest ist?«

Ehe der Graf etwas erwidern konnte, piepte sein Handy. Er sagte seinen Namen. Und dann kurz und knapp: »Ich komme.« Für Daniel hatte er keine Zeit mehr. »Die Landschaftsarchitekten sind da. Ja, setzen Sie sich mit mir in Verbindung, wenn Ihr Vorhaben konkretere Formen annimmt. Vergessen Sie aber nicht, dass ich noch nichts zugesagt habe. Gehen wir! Ich bin in Eile.«

Daniel verließ mit dem Grafen das Haupthaus. Die Frau in den weißen Shorts stand bei zwei Handwerkern in Overalls am Ende des Ostflügels. Von Selbherr ging, wieder sehr aufrecht, zum Haus der Forstverwaltung hinüber. Dann drehte er sich noch einmal um.

»Sie verlassen jetzt bitte das Schlossgelände!«

»Klar«, rief Daniel, »völlig klar!«

»Was haben Sie jetzt vor?«

»Ich will mich noch ein bisschen im Ried umsehen.«

»Da waren Sie doch gestern schon!«

Daniel war erstaunt. »Woher wissen Sie das?«

Der Graf zog die Reitgerte aus dem Stiefelschaft und winkte damit zum Abschied. »Uns entgeht nichts.«

Das hörte sich an wie eine Warnung. Jedenfalls empfand Daniel das so. Beim Torbogen des Haupteingangs sah er in einem Zwinger die beiden Schäferhunde.

Er musste wieder den Pfad unterhalb der Mauer nehmen, denn der Astra stand bei den anderen Fahrzeugen am hinteren Tor. Daniel überlegte, ob er zu dick aufgetragen hatte. Skrupel empfand er nicht wegen seines Bluffs, doch er bezweifelte jetzt, wo die Gedanken wieder ruhiger flossen, dass er sein Goethe-Schiller-Märchen überzeugend erzählt hatte. Er hatte sich wie ein Opportunist verhalten. Wie hätten Sie's denn gern, Herr Graf? Eine Persiflage auf den Dichterstreit mögen Sie nicht? Okay, ganz wie Euer Gnaden es wünschen. Dann wird's eben ein Appell an die Zuschauer, mal wieder die Bücher der großen deutschen Klassiker zu lesen. Ich bin ein Chamäleon, ich passe mich an. – Hatte Graf Konrad von Selbherr ihm den plötzlichen Sprung in der Intention abgekauft oder hatte er durchschaut, dass das ganze Gequatsche vom Filmprojekt bloß heiße Luft war? Daniels Neugier war ihm aufgefallen. Hatte er inzwischen vielleicht einen Verdacht, dass Daniel aus ganz anderen Gründen gekommen war?

Keine Zeit für Grübeleien! Der Drehplan war abzuarbeiten. Zuerst filmte Daniel die Bilder aus der Ferne: Schloss, See, Ried. Dann fuhr er in den Weiler, um die Mauerreste des Speicherhäuschens aufzunehmen. Als er einen Kameraschwenk machte und die einzelnen Höfe kurz erfasste, spürte er wieder, dass er beobachtet wurde, das war ihm aber gleichgültig. Die Sonne stand fast im Zenit. Hühner hatten sich Staubkuhlen gescharrt, die beiden Haflinger standen reglos im Schatten einer Wallhecke, Kühe ruhten wiederkäuend im Gras, die Schweine im Matsch schienen zu schlafen und zuckten nur, wenn die Fliegenschwärme vor ihren Rüsseln zu dicht wurden. Weiter weg dröhnten Mähdrescher. Daniel kam es so vor, als ob die Sonnenblumen lachende Gesichter hätten. Schöne Idylle, dachte er bitter. Weigerten die Bauersleute sich, die Planungen ernst zu nehmen, die man im Schloss betrieb, oder hatten sie sich längst in ihr Schicksal ergeben? In diesem Dörfchen hatten Mechthild und Alphonse zum ersten Mal miteinander gesprochen. Bald würde es die Bauerschaft Aulenrith nicht mehr geben. Daniel pustete Mücken von der Kamera.

Er stellte den Wagen am Straßenrand in der Höhe des Sees ab und drang wieder an der Bachmündung ins Ried ein. *Im Moore, wo der Moorbach rinnt, trägt eine Krone das Königskind …* Er filmte im Ried genau so, wie er es sich vorgenommen hatte. Über die Graspolster sprang er aber nicht wieder zum kleinen Erdbuckel im Sumpf hinüber, die Erinnerung an den Anflug von Panik war noch zu frisch. Also zoomte er die leuchtenden Königskerzen dicht heran. Königskerzen waren wichtig für seine Dokumentation, moderndes Holz und Königskerzen. Frösche fand er leider nicht.

Es war merkwürdig still. Daniel fühlte Beklemmung. Keine Vogelrufe, kein Wispern in den Zweigen, kein Platschen in den Tümpeln – nichts. Dass er nicht allein war, bildete er sich wohl nur ein. Schattenspiele auf dem Wasser narrten ihn. Wer sollte ihm denn schon gefolgt sein! Aber die Bemerkung des Grafen ging ihm nicht aus dem Kopf: *Uns entgeht nichts.*

Daniel dachte plötzlich an den bocksfüßigen Waldgott Pan mit den Ziegenhörnern, der in der Mittagsstille jäh aus dem Gebüsch trat und die Menschen erschreckte. Was im alten Griechenland passiert war, könnte sich ja vielleicht auch im Aulenwalder Ried ereignen. Albern, lachhaft, idiotisch solch eine Vorstellung! Geplärre einer Panflöte fehlte ihm gerade noch. Daniel vermutete, dass er sich einen Anflug von Sonnenstich eingefangen hatte. Trotzdem hatte er es auf einmal eilig.

HERR DEUBEL BERICHTET

Bettinas Anruf erreichte ihn, als er auf dem Damm stand und einen letzten Blick ins Ried warf. Daniel ließ sich ins Gras fallen und kreuzte die Beine. Im Schneidersitz hörte er ihr zu. Sie sei gut angekommen in Manchester, aber sie wisse schon jetzt, dass die Sache mit dem Crashkurs ein Flop würde. Die Unterkunft sei miserabel, Duschraum und Klo auf dem Flur, das Zimmer müsse sie mit einer geschwätzigen Dänin teilen.

»Schnapsidee, hab ich ja gleich gesagt. Wer hat dir bloß den ganzen Scheiß eingeredet?« Daniel lachte unfroh. »Mensch, Tina, warum bist du nicht bei mir?«

»Wo genau steckst du denn jetzt? Hast du dein Schloss gefunden, Herr Graf? Hopp, Euer Durchlöchertheit, sag mal schnell was!«

Daniel antwortete hastig: »Ich bin jetzt ganz in der Nähe von Schloss Aulenrith und hab grad so 'n paar Sequenzen im Moor gedreht. Vorhin war ich drin im Schloss und hab Meckys vertrottelten Bruder und dessen Sohn kennen gelernt. Überheblicher Typ, der Sohn. Graf Rotz von der Wange sozusagen. Irgendwie ist das alles ziemlich unheimlich. Das mit dem jungen Franzosen, das muss ich unbedingt rauskriegen. Was aus dem geworden ist, meine ich. Und was sich da in der Nazizeit abgespielt hat. Ich hab das verdammte Gefühl, dass man mich beobachtet. Ich glaube, ich bin 'ner ganz heißen Geschichte auf die Spur gekommen. Aber das erzähle ich dir später.«

Bettinas Stimme hörte sich besorgt an. »Sei vorsichtig, Daniel, hörst du? Mach nur ja nix Gefährliches! Das sind die ollen Storys doch nicht wert, dass du Kopf und Kragen riskierst. Vorbei ist vorbei!«

Das sah Daniel anders. »Mord verjährt nicht. Meckys große Liebe ... Ich will wissen, warum Alphonse so plötzlich verschwunden ist. Im Tagebuch steht, dass er nicht zum Treffpunkt kam. Die Frage ist: Warum nicht?« Daniel verschwieg, dass er vorhatte, heimlich ins Schloss einzudringen, um das Familienbild mit dem kleinen Mädchen zu filmen. Er verriet auch nicht, dass er sich mit Bettinas Nachnamen getarnt hatte. »Ach, Tina, wir könnten es uns jetzt so prima gemütlich machen in dem Ferienschuppen am Bodensee, den Mecky angemietet hat! Du fehlst mir so.«

Sie schmatzten Küsse in die Handys und sagten noch ein paar Albernheiten, um die Traurigkeit zu überspielen. Er werde Bettina am nächsten Abend anrufen, versprach Daniel.

»Pass auf dich auf, Daniel!«

»Klar doch. Ist ja sonst niemand da, der auf mich aufpassen könnte.« Und theatralisch schmollend: »Alles muss man selber machen. Ciao, Tina!«

Montags war Ruhetag im Goldenen Lamm. Wirt Lehleitner hatte Daniel am Morgen einen Schlüssel für die Hintertür gegeben und ihn ermahnt, immer gut hinter sich abzuschließen, weil es ja kein Vertrauen mehr gebe unter den Menschen. Weil er das sehr feierlich gesagt hatte, hatte Daniel das Grinsen unterdrückt und erklärt, auf ihn könne man sich verlassen. Auch ganz feierlich.

Daniel parkte den Wagen im Schatten der Hauswand. Im Haus roch es streng nach Reinigungsmitteln. Aus dem Dachgeschoss war undeutliches Fernsehgebrabbel zu vernehmen. Daniel stellte sich vor, dass die Eheleute Lehleitner im Bett saßen, Erdnüsse kauten und sich eine von den tausend schwachsinnigen Familienserien reinzogen. Gezappe hin und her. Ruhetag eben.

Er bemühte sich, leise zu sein, als er die Treppe hinaufstieg. In seinem Zimmerchen öffnete er das Fenster und ließ Luft herein, die brachte aber keine Kühlung. Daniel hielt den Kopf unter den Wasserhahn und spülte sich den Schweiß aus dem Gesicht. Dann trank er ausgiebig. Als er die bespielten Kassetten in seine Reisetasche stopfte, sah er den Zettel auf dem Kopfkissen, da stand in sauberer Handschrift:

Werter Herr Michels, da heut die Küche geschlossen bleibt, finden Sie eine kalte Platte im Kühlschrank der

Restaurantküche. Dort sind auch Getränke. Guten Appetit! *Frau Lehleitner*

Na fein. Daniel hatte jetzt noch keinen Hunger. Es war Zeit, Herrn Deubel aufzusuchen. Daniel schloss die Hintertür sorgfältig hinter sich ab, als er das Gasthaus verließ. Das alte Pfarrhaus musste ja wohl ganz in der Nähe der Kirche sein. An einem nichts sagenden Klinkerbau zeigte eine Messingtafel an, dass hier das Pfarrbüro sei. Okay, unten war das Pfarrbüro, oben wohnte der Pfarrer, aber es handelte sich eindeutig nicht um ein altes Pfarrhaus. Das fand Daniel, als er durch das Gässchen zwischen dem neuen Pfarrhaus und dem Jugendheim ging. Ein wunderliches, hutzeliges Fachwerkhäuschen, schier überwuchert von wildem Wein. Eine kleine Wetterfahne mit einem goldbemalten Posaunenengel zierte das Schieferdach.

Ein Holzschildchen mit dem Namen *Deubel* war an die Tür geschraubt, einen Klingelknopf suchte Daniel vergeblich. Erst beim dritten Hinschauen begriff er, dass der eiserne Ring mit dem Löwenkopf ein Türklopfer war. Solch ein Ding hatte er noch nie betätigt. Er versuchte es zaghaft und war dann verwundert, dass es laut dröhnte im Haus. Peinlich, peinlich.

Eine Frau in blauem Leinenanzug öffnete und schaute Daniel ein wenig misstrauisch an. Wahrscheinlich vermutete sie einen der lästigen Vertreter. »Ja, bitte?«

Daniel deutete verlegen eine kleine Verbeugung an. »Grüß Gott! Mein Name ist Michels, Daniel Michels.

Entschuldigen Sie, dass ich so einfach … Ich möchte gern … Ist es wohl möglich, dass ich mit Herrn Deubel spreche? Ich brauche ein paar Auskünfte …«

Wieder der prüfende Blick, dann war die Frau anscheinend von Daniels Harmlosigkeit überzeugt. »Clemens!«, rief sie über die Schulter. »Besuch für dich!«

»Wer stört denn da mein Mittagsschläfchen?«, kam die Antwort. Es hörte sich nicht unfreundlich an. »Momentchen, ich komme.«

Dann machte Daniel Stielaugen. Der Mann aus dem Ried stand vor ihm, der Mann mit dem ulkigen Bärtchen. Da musste Daniel erst einmal heftig schlucken.

Auch der Mann war überrascht. »Jesses, da schau her! So sieht man sich also wieder. Was führt Sie zu mir, junger Mann?«

Daniel war noch ein bisschen verwirrt. »Ich dachte, weil Sie sich doch so gut auskennen und weil die Bäuerin vom Sauterhof mir gesagt hat, dass ich mich an Sie wenden sollte wegen der Zeit von damals und so … Ich heiße Daniel Michels.«

»Immer noch neugierig?« Herr Deubel schaute über den Brillenrand. »Na, kommen Sie erst mal rein in die gute Stube.« Er wandte sich an die Frau. »Herr Michels und ich, wir sind uns gestern im Ried schon mal über den Weg gelaufen.«

Daniel folgte Herrn Deubel ins Wohnzimmer. Zuerst einmal staunte er, dann fiel ihm das altmodische Wort *heimelig* ein. In solch einem Raum konnte man die hektische Außenwelt vergessen. Bücherregale noch und noch. Wo dazwischen ein wenig Platz war an den Wänden, hingen Aquarelle von starker Leuchtkraft, die Landschaften, Pflanzen und Blumen zeigten. Keine Frage: Motive aus dem Ried. Und Daniel vermutete, dass Herr Deubel der Maler war. Schafsfelle waren in den Sesseln aus Korbgeflecht ausgebreitet, auf den Fensterbänken standen bizarre Keramikfiguren, auf dem niedrigen Tisch mit der massiven Schieferplatte lagen Bücher, Früchte und Pfeifen in schönem Durcheinander. Überall gab es Kerzenleuchter. Auf einem Sandsteinsockel thronte erhaben eine überschlanke weibliche Figur mit spitzen Brüsten, Daniel vermutete, dass sie aus Ostafrika stammte. Die Blumenvase auf dem gedrechselten Ständer war prall gefüllt mit Wiesenblumen und blühenden Gräsern.

Herr Deubel deutete auf die Couch mit der bunten Wolldecke. Als Daniel sich setzte, blinzelte die honigfarbene Katze, rückte ein wenig zur Seite und schlief dann weiter. Für einen Moment war es still, nur die Wanduhr tickte.

»Kommen wir zur Sache«, sagte Herr Deubel. »Was wollen Sie von mir, Herr Michels?«

»Ein paar Auskünfte. Im Leistungskurs Soziologie gibt's eine interdisziplinäre Aufgabe mit dem Geschichtsunterricht. Ich muss was über die Situation ausländischer Kriegsgefangener zum Ende des Zweiten Weltkrieges herausfinden. So eine Art Fallstudie, verstehen Sie?«

Herr Deubel schmunzelte. »Ich bin zwar schon leicht vergreist, aber ich verstehe es trotzdem. Weiter!«

»Durch einen Geschäftsfreund meines Vaters erfuhr

ich zufällig, dass in der Bauerschaft Aulenrith eine Gruppe von gefangenen französischen Soldaten zur Zwangsarbeit im Torfstich und zur landwirtschaftlichen Hilfe eingesetzt worden war.« Daniel wunderte sich, wie leicht ihm die Schwindelei inzwischen fiel. »Eine überschaubare Szenerie, dachte ich, soziologisch gesehen. Da bin ich extra aus dem Ruhrgebiet angereist, um hier zu recherchieren. Eine kleine Bauerngemeinde, plötzlich werden fremde Männer angekarrt, Feinde sozusagen – und dann sind da noch die Herrschaften vom Schloss, die hier alles dominieren. Das haben Sie mir ja selber erzählt. Eine interessante Konstellation, spannend irgendwie. Ich dachte mir, das gibt doch was her für meine Studie.«

Eulenaugen schauten Daniel durch die Brillengläser an. »Erstaunlich, was sich aus unserer abgeschiedenen kleinen Welt bis ins Ruhrgebiet herumgesprochen hat. Und wo das alles doch schon so lange her ist. Wirklich erstaunlich.«

Daniel war sich nicht sicher, dass Herr Deubel ihm sein Geschwafel abkaufte. Der Blick verriet Zweifel. Trotzdem faselte Daniel weiter drauflos. »Welche sozialen Veränderungen hat es in der kleinen Gemeinde gegeben, als auf einmal fremde Männer einquartiert wurden? Wie hat man sich sprachlich verständigt? Gab es zwischenmenschliche Kontakte oder waren die Franzosen völlig abgeschottet? Entstanden Aggressionen oder Anfeindungen? Immerhin herrschte ja noch Krieg. Wie bewältigten die Kriegsgefangenen ihre Situation? – Das sind so die Fragen, auf die ich Antworten suche. Wie gesagt, die

Bäuerin vom Sauterhof hat mich an Sie verwiesen. Ich hatte den Eindruck, dass niemand offen mit mir reden wollte. Die Leute waren irgendwie verklemmt.«

Herr Deubel schüttelte den Kopf. »Nicht verklemmt, nein, nein. Sie kuschen, sie fürchten sich. Und sie haben allen Grund dazu. Irgendeine falsche Bemerkung über die Herrschaften vom Schloss, und sie haben mit Repressalien zu rechnen. Den Grafen und der Clique von der Forstverwaltung entgeht nichts, die haben überall ihre Spitzel und Zuträger.«

Daniel hatte die Bemerkung vom jüngeren Konrad im Kopf: *Uns entgeht nichts.*

Der Mann mit dem Ziegenbart stopfte sich eine Pfeife, zündete den Tabak an und paffte heftig, bis er den richtigen Zug spürte. »Die Bauersleute von Aulenrith sind absolut abhängig vom Schloss. Vielleicht haben sie's sich über all die Jahrzehnte in ihrer Abhängigkeit auch bequem gemacht. Oben wird entschieden, unten wird gehorcht. So war das immer. Und jetzt, wo sie eigentlich längst wissen müssten, dass ihre Tage auf den Höfen gezählt sind, jetzt stecken sie die Köpfe in den Sand und wollen es nicht wahrhaben. Ich stamme übrigens von einem der Bauernhöfe in Aulenrith, aber meine Eltern haben schon vor fünfzig Jahren aufgegeben. Es hat meinem Vater wohl nie Freude gemacht, den Boden zu beackern, der den Leuten vom Schloss gehört.« Herr Deubel stieß leises Lachen aus. »Zuletzt war er als Küster hier an der Kirche angestellt. Nicht gerade ein Karrieresprung.«

Daniel hörte gebannt zu. Er erfuhr vom hohen Pachtzins, den die Bauern bezahlen mussten und der die Höfe fast unrentabel machte. Für größere landwirtschaftliche Geräte hatten sie kein Geld, also mussten sie die Dienstleistungen der Forstverwaltung in Anspruch nehmen, wenn es um den Einsatz von Mähdreschern, Sämaschinen und Kartoffelrodern ging, und diese Dienstleistungen waren extrem teuer. Clemens Deubel und seine Geschwister hatten den Eltern schon früh zu verstehen gegeben, dass sie ihre Zukunft nicht auf dem Bauernhof in Aulenrith sähen. Das hatten die Eltern akzeptiert. »Und so bin ich halt ein Schulmeisterlein geworden.« Herr Deubel blies Rauchkringel.

Die Frau kam herein und brachte Tee. Daniel machte sich nichts aus Tee, schon gar nicht aus grünem. Doch er nippte brav an der Tasse und erklärte, dieser Tee schmecke vorzüglich. Das freute die Frau. Sie verschwand wieder.

»Was genau soll ich Ihnen eigentlich erzählen?« Herr Deubel zielte mit dem Pfeifenstiel auf Daniel. »Wo soll ich anfangen?«

»Am besten ganz am Anfang.« Daniel hätte diese alberne Floskel am liebsten wieder verschluckt.

»Also bei Adam und Eva?«

»Die Schulzeit. Fangen Sie doch mit Ihrer Schulzeit an.«

ES ZITTERN DIE MORSCHEN KNOCHEN

Das Personal sei damals ausgetauscht worden, erzählte Herr Deubel. Der alte Rektor und die Lehrerinnen waren den Behörden nicht linientreu genug gewesen. In die kleine Stadt, die in den 40er-Jahren kaum halb so groß gewesen war wie heute, kamen, vor allem aus dem Ruhrgebiet, Mütter mit Kindern in Scharen. Die Männer waren ja im Krieg. Zum Entsetzen der Bauersleute wurden die Zwangsevakuierten aus den Großstädten auch auf den Höfen einquartiert. Schmarotzer, kaum wirkliche Hilfen im Haus und bei der Feldarbeit. Jedenfalls sahen die Bauern das so. Aber in den Städten im Norden, die Nacht für Nacht mit Bombenangriffen der Alliierten überzogen wurden und inzwischen gigantische Trümmerhaufen waren, konnten die Frauen mit ihren Kindern nicht mehr leben. Also wurde Zwangsevakuierung in süddeutsche Provinzen angeordnet. Hier war man sicher vor den Luftangriffen, die vor allem der Schwerindustrie mit den Waffenschmieden von Krupp, Thyssen, Mannesmann und ähnlichen Fabriken galten. Mit den zugereisten Städtern kamen auch Lehrer und Lehrerinnen, nationalsozialistisch indoktrinierte Volksgenossen mit Sendungsbewusstsein, Parteiabzeichen auf der Brust.

»Der neue Rektor machte uns allen Angst«, erzählte Herr Deubel. »Schütz hieß der, ein bulliger Zweizentnermann. Ich war ja noch ein Knirps, erste oder zweite Schulklasse. Wenn der Schütz nur den Mund aufmachte, zitterte ich schon. Erst einmal müsse uns Schliff beigebracht werden, hatte er erklärt, wir seien ein verwahrloster Sauhaufen, eine Schande für den Führer. Meist kam Schütz mit Offiziersstiefeln in die Schule – und so benahm er sich auch. Kasernenhofatmosphäre. Können Sie sich das vorstellen? Kinder aus unserer Kleinstadt und von den Bauernhöfen ringsum sollten plötzlich wie Rekruten spuren. Hände an die Hosennaht und so.«

Daniel konnte sich das nur schwer vorstellen. »Dieser Drill, fand der auch im Unterricht statt?«

Herr Deubel lachte bitter. »Und ob! Alles ganz stramm, alles zack-zack. Das ging schon beim Schulbeginn los. Wir mussten uns klassenweise in Reih und Glied auf dem Schulhof aufstellen. Der Schütz gab das Kommando, dann marschierten wir im Gleichschritt zur Vorderfront der Schule. Fahnenappell, so hieß das. Egal ob es stürmte oder schüttete oder schneite: Jeden Morgen gab es erst einmal Fahnenappell.«

»Und was spielte sich da ab?«

»Ein Affentheater. Wenn wir Aufstellung genommen hatten, stolzierte Schütz im Stechschritt vor uns her, riss plötzlich den rechten Arm hoch und brüllte: ›Wir grüßen den Führer!‹ Und wir reckten auch den Arm und brüllten im Chor: ›Heil Hitler!‹ Und wenn's dem Schütz nicht laut und nicht exakt genug gewesen war, wiederholten wir das Gebrüll fünf-, sechsmal. Dann musste einer von den älteren Jungen die Hakenkreuzfahne am Mast hochziehen auf das Kommando von Schütz: ›Hiss das Banner!‹ Und wir rissen wieder den Arm hoch, um auch die Fahne zu grüßen. Anschließend wurde gesungen. Ich hab's noch im Ohr.«

Natürlich wollte Daniel wissen, was für Lieder das gewesen waren. Zuerst winkte Herr Deubel ab. Das sei zu peinlich, meinte er. Aber als Daniel nicht lockerließ, sang er halblaut ein paar Liedzeilen.

»Es zittern die morschen Knochen der Welt vor dem großen Krieg. Wir haben den Schrecken gebrochen, für uns wird's ein großer Sieg. Wir werden weitermarschieren, wenn alles in Scherben fällt, denn heute, da hört uns Deutschland und morgen die ganze Welt.

Ach, Scheißdreck!« Herr Deubel hustete. »Und diesen Käse mussten wir auch immer wieder singen: *Also wollen wir marschieren in die neue Zeit. Adolf Hitler soll uns führen, wir sind stets bereit* … Reicht das?«

Daniel ließ die Luft aus den Backen. Es reichte ihm wirklich. Die Katze war von der Singerei aufgeschreckt worden. Sie sprang von der Couch und rollte sich neben dem Kachelofen zusammen.

Herr Deubel stocherte mit dem Stopfer in seiner Pfeife, die war beim Erzählen ausgegangen. Er zündete den Tabak wieder an. Daniel trank tapfer den Rest vom grünen Tee.

Herr Deubel redete leise weiter. »Fräulein Spürkel, die werde ich auch nicht vergessen, die war die Lehrerin unserer Klasse – die neue Lehrerin. Sie war ziemlich hübsch und hatte ihre Zöpfe zu so einem Kranz um den Kopf gewunden. So sahen in unserem Lesebuch auf den Bildern die Frauen aus. Einmal hat der Benedikt sich gemeldet und sie gefragt, warum wir immer den Führer grüßen müssten, wo der doch gar nicht da wär. Da hat Fräulein Spürkel ihm erst einmal zwei Ohrfeigen verpasst, dann zeigte sie auf das Hitler-Foto an der Wand und kreischte, der Führer sei immer bei uns. Wir haben wohl alle blöde Gesichter gemacht, weil wir das selbstverständlich nicht begriffen, aber sie hatte einen tollen Vergleich parat. Wir beteten in der Kirche doch auch zum lieben Gott, obwohl wir ihn nicht sehen könnten. So ähnlich verhalte es sich mit unserem Führer.«

An Fräulein Spürkel war Daniel nicht sonderlich interessiert. Er wollte mehr über Oma Meckys Bruder erfahren, denn auch darum hatte er die Reise unternommen. »Auf dem Sauterhof hörte ich von einer alten Frau, dass der Konrad, ich meine den jungen Grafen, dass der zu der Zeit damals überall seine Finger im Spiel hatte. Haben Sie das auch irgendwie mitbekommen?«

Herr Deubel paffte fast zornig. »Finger im Spiel, das ist gut! Und ob der überall seine Finger im Spiel hatte. Sogar in der Schule. Mit dem Schütz war er ja sofort dick befreundet. Parteigenossen unter sich. Wir hatten nämlich auf einmal ein neues Schulfach und das hieß ›Wehrertüchtigung‹. Konrad junior Graf von Selbherr übernahm das höchstpersönlich. Kann man sich kaum vorstellen, dass der debile Greis einmal ein Muskelprotz war, der die Kids durch die Landschaft hetzte. Jetzt kann er nicht einmal mehr laufen.«

»Ich habe ihn kennen gelernt«, sagte Daniel. »Er kurvte im Rollstuhl durch den Park.«

»Man hat Sie in den Schlosspark gelassen?« Herr Deubel wunderte sich. »Der ist doch sonst abgeschirmt wie Fort Knox.«

»Das Tor an der Rückseite war offen. Es finden Umbauarbeiten statt im Ostflügel. Da kam dann auf einmal der alte Mann im Rollstuhl angerauscht, als ich mir den Garten anschaute, und hat mir wirres Zeug über Afrika vorgebrabbelt. Dass Deutschland mehr Kolonien brauche und ganz Afrika einnehmen müsse.« Die Begegnung mit dem jungen Grafen erwähnte Daniel nicht.

»Gott o Gott, hat er immer noch die alte Nummer drauf?« Herr Deubel schüttelte amüsiert den Kopf. »Den Blödsinn hat er uns Kindern schon damals bei der Wehrertüchtigung gepredigt. Ich erinnere mich, dass er immer versuchte, Hitlers Schnarrstimme zu imitieren. Die Neger seien Halbaffen und gehörten in den Zoo. Afrika müsse ein Teil des deutschen Reiches werden, erklärte er uns, und zwar ganz Afrika. Wir haben ihm das natürlich geglaubt.«

Daniel wollte wissen, wie er sich diese Wehrertüchtigung vorzustellen habe. Herr Deubel erzählte, wie er und die anderen Jungen aus den unteren Schulklassen bei Geländespielen, die stets mit Keilereien endeten, durch die Wälder robben mussten, Grasbüschel als Tarnung um den Kopf gebunden. Sie mussten Schützengräben ausbuddeln und mit Stöcken als Gewehrersatz auf imaginäre Feinde zielen. Und schreckliche Dauerläufe hatte es gegeben, die erst endeten, wenn die ersten Kinder vor Erschöpfung kotzten.

Herr Deubel klopfte die Pfeife aus. Seine Gesichtszüge hatten sich verändert. Anscheinend setzte ihm die Erinnerung zu. Erst nach einer Weile redete er weiter. »Mädchen- und Jungenklassen waren früher ja noch streng getrennt. Ich weiß, dass die Mädchen Socken für die Frontsoldaten stricken mussten. Sie lernten auch zackige Gymnastikübungen und kriegten beigebracht, wie man gebrochene Arme schient und Verbände anlegt. Lazarettschwestern en miniature: Das war der Zweck der Übung. Die größeren Jungen wurden gedrillt wie auf dem Kasernenhof. Für ihre Ausbildung an richtigen Waffen hatte Konrad zwei uniformierte Helfer. Ich weiß noch, dass die Jungs mit aufgepflanztem Seitengewehr gegen Strohsäcke anrennen mussten, um zu trainieren, wie man feindliche Soldaten aufschlitzt. Jeder Schuss ein Russ, jeder Stoß ein Franzos! Bei solchen Übungen trat Konrad immer in SA-Uniform auf, sonst trug er meist Knickerbockerhosen. Kennen Sie diese Art der Beinbekleidung noch?«

»Klar«, sagte Daniel, »von Fotos. Manche Golfspieler tragen ja immer noch solche Hosen. – Wie war das eigentlich möglich, dass Konrad nicht zur Wehrmacht eingezogen wurde?«

Herr Deubel schlug die Fäuste gegeneinander. »Beziehungen natürlich. Der alte Graf blieb ziemlich im Hintergrund, aber er zog die Fäden. Gauleiter. Ja, ich glaube, sein Titel war Gauleiter. Er war verbandelt mit allen Nazigrößen des Schwabenlandes, vermutlich reichten seine Kontakte bis ins Führerhauptquartier nach Berlin. Wenn er erklärte, sein Sohn Konrad sei unentbehrlich an der Heimatfront und als Ausbilder für den Soldatennachwuchs, dann war das eben so. Punkt. Am Status der Grafen von Selbherr hat sich übrigens bis heute nichts geändert.«

Das hatte Daniel inzwischen auch erfahren.

»Besonders pervers war's, dass der Konrad junior alle jungen Männer unter Druck setzte, sich freiwillig zur Musterung zu melden, wenn sie nicht ohnehin einen Einberufungsbefehl bekommen hatten. Viele von denen sind nicht zurückgekommen aus dem Krieg. Konrad hat auch versucht, eine Gruppe der Hitlerjugend zu gründen, aber das ging in die Hose. Die Jungen mussten nach der Schule auf den Höfen helfen, da blieb keine Zeit für Fahnenmärsche und Ehrenwache vor dem Kriegerdenkmal.«

Und marschiert wurde ja sowieso genug. Herr Deubel berichtete von den regelmäßigen Ausflügen der Schulklassen hinaus zum Schloss. Regelrechte Wallfahrten waren das gewesen.

Fräulein Spürkel marschierte ihrer Klasse voran, Konrad fuhr im Auto. Damals hatte ohnehin kaum jemand ein Auto und wer eins besaß, musste es abgeben ans Militär, Benzin stand nur für Kriegsfahrzeuge zur Verfügung. Aber Konrad kutschierte in einem Ford Taunus durch die Gegend. Herr Deubel konnte den Wagen mit dem Buckelheck noch genau beschreiben. Beigefarben war der gewesen, die Leute hatten das Vehikel bewundert.

»Unterwegs auf dem Marsch zum Schloss mussten wir versuchen, mit Semaphor-Winker-Flaggen Nachrichten von Hügel zu Hügel zu übermitteln.« Herr Deubel schnaubte. »Absolute Überforderung für uns Winzlinge. Konrad beschimpfte uns wüst als Versager. Er hatte seinen großen Auftritt dann im Schlosspark. In der hintersten Ecke gab es ein Wäldchen mit einer bronzenen Hitlerbüste auf einem Betonsockel, der übliche Spruch drauf: *Ein Volk – ein Reich – ein Führer.*«

»Der Sockel steht da noch immer«, sagte Daniel. »Ich hab ihn gesehen. Was war denn mit Konrads Auftritt?«

»Wir standen stramm im Halbkreis, er hielt uns eine flammende Rede, von der wir natürlich kein Wort verstanden. Dann mussten wir ein Lied singen, es war immer das gleiche Lied.« Herr Deubel versuchte es mit heiserer Stimme:

»Ein junges Volk steht auf, zum Sturm bereit. Hebt die Fahnen höher, Kameraden! Wir fühlen nahe unsere Zeit, die Zeit der jungen Soldaten …«

Daniel staunte. »Enorm, dass Sie den Text noch wissen!«

»Was die uns damals in der Schule eingebläut haben, das vergisst man so leicht nicht. Wenn wir dann vor dem Hitlerschädel unsere Ehrenbezeugungen absolviert hatten, mussten wir Jungen auf der Wiese Ringkämpfe veranstalten, damit wir auch mal richtig harte und furchtlose Soldaten würden. Einmal, das weiß ich noch, hat mal einer zaghaft angefragt, ob wir vielleicht ein bisschen Wasser zu trinken kriegen könnten. Aber da hätten Sie mal den Konrad erleben müssen! Deutsche Jungen seien keine Weichlinge, sondern hart wie Kruppstahl!, hat er getobt, dieser Armleuchter. Wir waren doch völlig kaputt von dem langen Marsch und den idiotischen Ringkämpfen.« Herr Deubel schüttelte sich. »Sie kennen ja die Strecke von hier bis raus zum Schloss.«

Daniel redete sich zu: Vorsicht jetzt, Junge, bleib cool! Du darfst die Fragerei nicht übertreiben, sonst wird der Mann misstrauisch. Eigentlich bist du doch nur wegen der französischen Kriegsgefangenen hier. »Der muss ja wirklich ein blinder Fanatiker gewesen sein, der Konrad. Vielleicht ist er's ja noch immer. Hat er eigentlich Geschwister?«

Bei dieser Frage schien Herr Deubel aufzublühen. Er kämmte sich mit den Fingern das Bärtchen und lächelte. »Eine Schwester. Mechthild! In ihrer Art ganz das Gegenteil von ihrem Bruder. Wir Jungs von Aulenrith haben sie angeschwärmt. Eine ganz aparte Person. Sie muss so siebzehn oder achtzehn gewesen sein, als ich sie zum letzten Mal gesehen habe. Himmel, wie lang ist das her!

Mechthild hatte nichts von dem Dünkel der übrigen Grafenclique, sie besuchte oft die Bauersleute, war immer freundlich, spielte mit den Kindern, packte auch mal auf dem Feld oder in der Küche mit an. Ich hab sie noch vor mir, wie sie über die Wege radelte. Ihr Fahrrad hatte so extradicke Reifen – Ballonreifen. Ja, ich glaube, Ballonreifen wurden die genannt.«

Daniel hakte nach. »Zum letzten Mal gesehen … Wie muss ich das verstehen? Wohnte sie denn nicht mehr im Schloss? War etwas passiert?«

Herr Deubel breitete die Arme aus und deutete Hilflosigkeit an. »Nix Genaues weiß man nicht. Ich war doch noch sehr klein und hab damals vieles nicht verstanden. Jedenfalls war Mechthild auf einmal nicht mehr da. So von heute auf morgen. Da schwirrten natürlich Gerüchte herum. Die Eltern hätten sie aus Sicherheitsgründen in die Schweiz gebracht, weil man im Schloss Informationen über eine drohende Kriegsniederlage hatte. Mag sein, mag auch nicht sein. Ich denke eher, dass die Grafen bis zum Schluss fest an den Endsieg geglaubt haben, besessen von ihrer großdeutschen Idee, wie die waren. Deutschland, Deutschland über alles … Da wurde auch noch was anderes gemunkelt, na ja.« Herr Deubel zögerte, rieb sich das Gesicht.

»Sie machen mich neugierig.«

»Angeblich stammte das von einem Gehilfen aus der Schlossgärtnerei. Der hat's wohl unter dem Siegel der Verschwiegenheit jemand anderem erzählt und der hat es dann unter dem Siegel der Verschwiegenheit einem Dritten gesteckt – und so weiter. Sie wissen ja, wie Gerüchte entstehen.«

Daniel gab sich gelassen, aber sein Herz klopfte heftig. »Und was wurde da gemunkelt?«

»Dass Mechthild aus dem Schloss verschwinden musste und zu Verwandten geschickt wurde. Angeblich hatte sie gegen eine offizielle Anordnung verstoßen und damit der Bevölkerung ein schlechtes Beispiel gegeben. Schande für die Grafenfamilie oder so. Was weiß ich! Eine Lappalie vermutlich. Sie soll hin und wieder mit den französischen Kriegsgefangenen gesprochen haben, obwohl es streng verboten war. Und dann auch noch auf Französisch. Kommt uns heute wie ein schlechter Witz vor, damals war's blutiger Ernst. Ihr feiner Bruder soll sie bespitzelt haben. Mir kommt die Geschichte ziemlich unwahrscheinlich vor.«

»Und wieso?«

»Weil sie angeblich ausgerechnet zu Verwandten nach Essen gebracht worden sein soll, zu Leuten aus dem Klan Krupp von Bohlen und Halbach. Das entbehrt doch jeglicher Logik. Die Leute aus dem Kohlenpott flohen vor den Bombenangriffen zu uns nach Süddeutschland, und da sollen ihre Eltern die Mechthild sozusagen ins Verderben geschickt haben? So was tun Eltern doch nicht.«

Daniel hätte am liebsten laut gelacht. Wenn du wüsstest, Meister Deubel, wenn du wüsstest!, dachte er.

Herr Deubel zeigte mit dem Finger in irgendeine Richtung. »Vom Schloss oben kam dann die Anordnung, dass über diese Affäre Stillschweigen zu herrschen habe. Die

Bauersleute gehorchten natürlich. Ich sagte Ihnen ja schon: Sie kuschen. Ich vermute, dass Mechthild von Selbherr schon lange nicht mehr lebt.«

Daniel widersprach nicht.

Jetzt wäre es an der Zeit gewesen, endlich konkret auf die sechs Franzosen zu sprechen zu kommen, aber da klopfte es an der Zimmertür. Die Frau kam herein und hob mahnend die Hand.

»Clemens, dauert das Gespräch noch lange?«

»Verzeih, Paula! Wir waren so ins Plaudern geraten.« Herr Deubel wandte sich an Daniel. »Meine Frau und ich pflegen um diese Zeit stets einen kleinen Spaziergang zu machen. Haben Sie Lust, sich uns anzuschließen, Herr Michels?«

»Aber gern. Ich hab von Ihnen noch nichts über die Franzosen erfahren. Die sind doch der eigentliche Grund für meinen Besuch.«

DER GROSSE BLUFF

Franzosen sind Fröschefresser und hinterhältige Feiglinge. Juden haben Jesus ans Kreuz geschlagen und sind der Volksfeind Nummer eins. Das hatte der kleine Clemens in der Schule gelernt. Das Wort Jude hatte ihm nichts gesagt, aber eines Tages klebte ein Plakatstreifen am Schaufenster vom Metallwarenhändler Zweiger: *Kauft nicht beim Juden!* Konrads Bürgerwehr passte auf, dass niemand den Laden betrat. Das waren die SA-Männer. Sturmabteilung. Das hörte sich spannend an. Aber es seien bloß ein paar Spießbürger aus dem Städtchen gewesen, erzählte Herr Deubel, als sie aus der Haustür raus waren: der Fleischer, der Briefträger, der Bäcker, einer vom Kirchenvorstand und Herr Schütz natürlich … Sie hatten sich verkleidet: Braunhemd, Ledergamaschen um die Hosen, Koppel, Schulterriemen und Hakenkreuzarmbinde, Schirmmützen, die wie Jaucheeimer aussahen. Zu stürmen hatten die SA-Männer nichts, eigentlich sollten sie bloß Propaganda machen und die Bevölkerung beeindrucken. Manchmal zogen sie mit der Fahne durch die Straßen und sangen: »*Die Fahne hoch, die Reihen fest geschlossen, SA marschiert in ruhig festem Schritt …*« Konrad setzte sie allerdings auch zur Bespitzelung ein. Sie spähten durch die Fenster und kontrollierten, ob nicht etwa polnische Zwangsarbeiter mit am Esstisch saßen und ob auch niemand am Radio Feindsender abhörte. Außerdem warben sie wacker für die Mitgliedschaft in der NSDAP. Das Kind Clemens war sich sicher gewesen, dass Herr Zweiger Jesus nicht ans Kreuz geschlagen hatte, er war ein freundlicher Mann. Er und seine Frau waren dann aus der Stadt verschwunden. Niemand wusste, was aus ihnen geworden war, und nach dem Krieg wollte es niemand wissen. Verwirrende Zeiten für das Kind Clemens.

Herr Deubel sagte: »Als dann die sechs Franzosen auf einem Lastwagen nach Aulenrith gebracht wurden, übernahmen Konrads SA-Männer beim Speicherhäuschen die Bewachung der Gefangenen. Sie brüllten sie auch an. Wahrscheinlich hatten sie Schiss vor den Fremden, das kompensierten sie mit Lautstärke. Wir Kinder fürchteten uns selbstverständlich auch. Franzosen! Das war aufregend. Ich erinnere mich, dass wir uns mit bebenden Herzen anschlichen, um die feindlichen Soldaten, die jetzt in deutscher Gefangenschaft waren, halbwegs aus der Nähe zu sehen. Was hatten wir erwartet? Monster vielleicht? Und dann waren wir geradezu enttäuscht, meine Freunde und ich. Die Franzosen sahen ja aus wie richtige Menschen! Fröschefresser hatten wir uns anders vorgestellt. Einer von denen war fast noch ein Junge.«

»Erinnern Sie sich noch an seinen Namen?«, fragte Daniel. Bebende Herzen, das hatte Herr Deubel gerade gesagt. Daniel fand, dass das ein guter Begriff war. Ihm war, als bebte jetzt sein Herz.

»Alphonse. Der Jüngste hieß Alphonse. Ich glaube, ich kriege die Namen von den anderen auch noch auf die Reihe. Jean-Georges war so eine Art Anführer, ihn redeten sie mit Capitaine an.«

»Hauptmann«, sagte Daniel, »das bedeutet Hauptmann.«

Herr Deubel nickte. »Das mit der Bewachung erledigte sich dann bald. Wenn die Männer vom Torfstechen kamen, zogen sie sich ins Speicherhäuschen zurück. Manchmal saßen sie noch lange im Gras und redeten lebhaft miteinander. Verpflegung bekamen sie von der Schlossküche, aber die Bauern steckten ihnen – verboten oder nicht – noch allerlei zu. Zwischen den Bauersleuten und den Franzosen gab es überhaupt keine Probleme. Man näherte sich an, fand sogar in einer Art Kauderwelsch zu einer sprachlichen Kommunikation. Wenn die Franzosen bei der Feldarbeit eingesetzt waren, aßen sie auch gemeinsam mit den Familien. Eines von den Kindern guckte dann immer zum Fenster hinaus als Wachtposten. Es konnte ja sein, dass sich einer von Konrads Spitzeln näherte.«

»Dieser Junge, der Alphonse, war der nicht überfordert mit der schweren Arbeit?«, fragte Daniel.

»Jedenfalls wirkte er manchmal sehr erschöpft – und traurig. Klar, er litt an Heimweh. Heimweh hatten die anderen auch. Oft sangen sie abends Lieder. Da hörten wir Kinder gern zu.«

Sie schlenderten über einen Wiesenweg am Nordrand der Stadt. Tuschelnde Maisstauden links, ein weites Weizenfeld rechts. Frau Deubel pflückte dann und wann Kornblumen und Mohn. Grillen schrillten wie irr. Daniel erinnerte sich: *La cigale et la fourmi.* Mechthild und Alphonse im Duett. Daniel schaute den Heupferdchen zu, die in schier endlosen Scharen fast rhythmisch im Gras hüpften. Aus der Ferne war aufgeregtes Krähengekrächze zu hören. Feine Schleierwölkchen hatten sich vor die Nachmittagssonne geschoben. Als sich ein Traktor mit einem Anhänger voll praller Körnerfracht näherte, mussten Daniel und die Deubels ins Maisfeld ausweichen. Der Fahrer reagierte nicht auf das freundliche Winken.

Als sich das Getucker in der Wegbiegung verlor und der Dieselgestank sich verzogen hatte, redete Daniel weiter, obwohl er spürte, dass Herr Deubel gern eine Weile geschwiegen hätte. »Eins kann ich nicht begreifen. Wo die Franzosen doch nach Feierabend nicht mehr bewacht wurden, da hätten sie doch einfach abhauen können. Oder sehe ich das falsch?«

Herr Deubel klatschte sich blinde Fliegen von den Armen. »Das hab ich mich damals auch gefragt. Warum fliehen die nicht und schlagen sich durch nach Frankreich? Aber die Franzosen wussten, dass das heller Wahnsinn gewesen wäre. Ob sie sich einzeln oder als Gruppe davongemacht hätten: Sie hätten keine Chance gehabt. Das Kontrollsystem der Nazis funktionierte lückenlos. Die Fahndung hätte Heerscharen von Polizisten, Gestapoleuten, Bürgerwehren und Denunzianten mobilisiert. Mit ihren Uniformklamotten und ihrer Sprache wären die Franzosen überall sofort aufgefallen. Und sie mussten sich ja auch irgendwie ernähren. Sollten sie in Häuser einbrechen? Die ganze Bevölkerung mit Kind und Kegel hätte Jagd auf sie gemacht. Mit ausgebrochenen Kriegsgefangenen wurde kurzer Prozess gemacht. Ich glaube, Jean-Georges war ein kluger Mann. Den Gedanken an Flucht hätte er seinen Männern garantiert sofort ausgetrieben.«

Schwer atmend blieb Herr Deubel stehen, streckte die Arme aus und rang nach Luft. »Momentchen«, flüsterte er.

»Das kommt vom vielen Paffen«, sagte Frau Deubel und klopfte ihrem Mann auf den Rücken. »Aber er hört ja nicht auf mich. Geht's wieder, Clemens?«

Herr Deubel nickte und hustete. »Man wird eben nicht jünger. Jetzt habe ich den Faden verloren.«

»Dass die Franzosen keine Chance zur Flucht gehabt hätten und dass Jean-Georges ...«

»Ach ja. Und auch das dürfen Sie nicht vergessen, Herr Michels: Frankreich war von der deutschen Wehrmacht besetzt. Selbst wenn die sechs Männer es über die Grenze geschafft hätten – sie wären voll in die Falle gelaufen. Vermutlich gab es aber noch einen viel entscheidenderen Grund dafür, dass sie die Nerven nicht verloren haben.«

»Jetzt bin ich gespannt.« Daniel war wirklich gespannt.

»Die Franzosen wussten längst, dass das Ende des Krieges unmittelbar bevorstand. Keine Ahnung, woher sie ihre Informationen bekamen. Es muss wohl ein geheimes Kommunikationssystem unter den Gruppen der Kriegsgefangenen in den verschiedenen Regionen gegeben haben. Buschtrommeln vielleicht, was weiß ich! Oder versteckte Funkgeräte oder Radios. Zäh wie Leim hielt sich in der deutschen Bevölkerung der Glaube an den Quark, den Rundfunksprecher mit hysterischer Stimme und untermalt mit schneidiger Marschmusik im Propagandasender verkündigten: Deutsche Truppen siegen an allen Fronten. Die Kriegsgefangenen wussten es besser.«

Herr Deubel ließ die Hand über die Grannen der Ähren gleiten und berichtete von den Bomberverbänden der Amerikaner und Engländer, die bisweilen über den Himmel zogen und das Land zum Dröhnen brachten. Die deutsche Flugabwehr war längst wirkungslos. Die Bauersleute starrten gebannt nach oben und fragten sich, ob die Flugzeuge ihre tödliche Last schon abgeworfen hätten oder ob sie erst auf dem Hinflug zum Bombardement wären. Welche Großstadt war dieses Mal das Ziel? Dann schauten auch Jean-Georges und die anderen zum Himmel und konnten ihre heimliche Freude kaum verbergen. Es konnte nicht mehr lange dauern.

»Es war ein regnerischer Frühlingstag«, sagte Herr Deubel, »ich werde den Anblick nie vergessen. Da kroch eine Schlange von Panzerspähwagen und Jeeps mit aufmontierten Maschinengewehren die Straße am Waldrand hoch. Der Feind war da. Es handelte sich um eine französische Einheit. Unsere fünf Franzosen hatten schon früh am Morgen erfahren, dass die Invasion bevorstand. Keine Ahnung, woher sie wussten, aus welcher Richtung ihre Befreier kamen. Sie hatten die Arbeitsgeräte weggeschmissen und eilten der Fahrzeugkolonne entgegen. Niemand hielt sie auf.«

»Fünf Franzosen? Wieso nur fünf?« Daniel tat verwundert, obwohl er ja wusste, dass Alphonse irgendwann verschwunden war. Die alte Frau auf dem Sauterhof hatte davon gesprochen.

Herr Deubel hockte sich an den Wegrand. »Der Junge war nicht mehr dabei. Den Alphonse meine ich. Niemand konnte sich einen Reim darauf machen, wie und wohin er geflohen war. Auch Jean-Georges hatte nur verständnislos mit dem Kopf geschüttelt. Warum war der Junge so dumm und leichtsinnig gewesen?«

Frau Deubel setzte sich neben ihren Mann und blinzelte in die Sonne. Sie hatte sich eine Kuckucksnelke ins Haar gesteckt. »Das mit der Besatzung war dann gar nicht so schlimm. Ich wohnte als Kind im Nachbardorf und habe das Kriegsende dort erlebt. Marokkaner waren das, die zurückblieben und in dieser Region eine Kommandantur einrichteten, Marokkaner als französische Soldaten. Sie waren nicht unfreundlich zu den Bauern, nein, das kann man wirklich nicht sagen. Sie schossen sich ein paar Hühner und ein paar Tauben auf den Höfen und baggerten die Mädchen an, aber gewalttätig wurden sie nicht. Im Schloss Aulenrith richteten sie ihr Hauptquartier ein. Wenn ich noch an den Kommandeur denke!« Frau Deubel kicherte. »Der hatte so eine Fantasieuniform an wie aus ’ner Operette und hielt immer so einen Stab hoch, der sah aus wie ein Zepter.«

»Ein verrückter Hund war das«, bestätigte Herr Deubel. »Mit seinem Apfelschimmelhengst ritt der im Schloss die Treppe hoch bis ins obere Stockwerk. Eitel und kinderlieb. Mir hat er den ersten Kaugummi meines Lebens geschenkt. Rückblickend finde ich es allerdings verwunderlich, dass die Soldaten schon nach wenigen Tagen das Schloss wieder verließen und sich in der Stadt im Schulgebäude einquartierten. Offenbar wirkte der Einfluss der Grafen sogar bei ihren Feinden. Erst der Klüngel mit den Nazis, dann der Deal mit den Besatzern. Fett schwimmt eben immer oben.« Herr Deubel spuckte aus.

»Wann war das denn ungefähr, als Alphonse plötzlich verschwunden war?« Daniel stand vor Herrn Deubel und rieb sich die Nase. Er stellte die Frage scheinbar so angelegentlich, als wäre sie gar nicht so wichtig.

Herr Deubel wiegte den Kopf. »O mein Gott, das ist doch schon so lange her! Warten Sie mal … Ich schätze, das war ungefähr zu der Zeit, als Mechthild weggeschickt wurde. Aber beschwören kann ich das nicht. Was Sie alles wissen wollen!«

Daniel gab nicht auf. »Kennen Sie vielleicht jemanden hier in der Gegend, der zumindest ahnen könnte, was aus Alphonse geworden ist? Die angebliche Flucht – das ist doch irgendwie mysteriös.«

Herr Deubel rupfte einen verblühten Löwenzahnstängel aus, sprang plötzlich auf und pustete Daniel die Schirmchen ins Gesicht. »So, Herr Michels, jetzt ist Schluss mit dem Affentheater! Sie haben mich lange genug an der Nase rumgeführt. Ihre Fragerei ist doch ein großer Bluff.«

»W-w-wie meinen Sie das?« Daniel wich zurück.

»Wie ich das meine?«, fauchte Herr Deubel zornig. »Sie lügen mir vor, dass Sie an einer Studie über das Verhältnis zwischen der ländlichen Bevölkerung und den französischen Kriegsgefangenen arbeiten. Papperlapapp! Für wie bekloppt halten Sie mich eigentlich? Sie befragen mich, lassen aber weder ein Tonband laufen, noch machen Sie sich Notizen. Wer sind Sie wirklich? Was wollen Sie hier?«

Daniel schluckte. Der harsche Ton machte ihn zunächst einmal sprachlos. Klar, Clemens Deubel hatte seine Faselei durchschaut. Vielleicht war das gut so. Vielleicht war es erleichternd, sich endlich jemandem anzuvertrauen.

»Los, die Karten auf den Tisch!«, forderte Herr Deubel. »Wer sind Sie?«

»Ich bin Daniel Selbherr, der Enkel von Mechthild Gräfin von Selbherr. Aber sie heißt nicht mehr Gräfin. Sie heißt nur noch Mechthild Selbherr. Sie und Alphonse waren ein Liebespaar und sie war schwanger. Darum hat ihre Familie sie damals aus dem Schloss verwiesen. Verstoßen, sie haben sie verstoßen!« Jetzt wurde auch Daniel laut. »Warum ich hier bin? Ich will die Wahrheit herausfinden. Wer hat diese Liebe zerstört? Was ist mit Alphonse geschehen – mit meinem Großvater?«

Daniel fühlte sich auf einmal unendlich müde.

Schweigen. Minutenlang Schweigen.

Dann sagte Frau Deubel leise: »Zofia. Vielleicht weiß sie mehr als wir. Wir sollten Zofia besuchen.«

Zofia! Das polnische Küchenmädchen vom Schloss. Daniel hatte den Namen im Tagebuch gelesen. Daniel schüttelte die Müdigkeit ab. Das war eine Überraschung. Dass es Zofia noch gab! Und warum lebte sie hier und nicht in Polen?

ZOFIA GIBT ES NOCH

Anscheinend war Herr Deubel intensiv damit beschäftigt, die Bilder der Erinnerung zu ordnen. Mechthild, das Mädchen vom Schloss, das er als kleiner Junge angeschwärmt hatte. Und jetzt war nach all den langen Jahren plötzlich der Enkel gekommen, um Geschehnisse aufzuklären, die rätselhaft waren. »Das gibt's doch gar nicht«, murmelte er ununterbrochen, »das gibt's doch gar nicht.«

Sie gingen zurück zum Städtchen. Daniel erfuhr, dass Zofia nach Kriegsende nicht zurückgekehrt war in ihre Heimat, aus der SS-Männer sie verschleppt hatten, sondern hier geblieben war: der Liebe wegen. Karl, der Orchideen-Spezialist aus der Schlossgärtnerei, und Zofia, das Mädchen aus einem Dorf nördlich von Krakau, heirateten und bekamen viele Kinder. Karl Eberle lebte nicht mehr. Zofia wohnte im Seniorenheim »Zur heiligen Maria«.

Ein kahlköpfiger Mann mit nacktem Oberkörper, Speckwülste über dem Hosenbund, wässerte mit einem langen Sprühschlauch die Blumenbeete am Rande des Parkplatzes. Nur wenige Autos standen hier. Daniel sah Nässeflecke auf der weißen Fassade des Hauptgebäudes, die hatten sich zu einer imaginären Landkarte geformt. Sieben, acht schmucke Bungalows waren wie bunte Bauklötze im Park verteilt. Zwischen weißen Rosen stand eine überlebensgroße Marien-Statue aus Bronzeguss, das Gesicht des Jesuskindes war weiß von Taubenkot. Daniel fand die Figur nett, aber ausdruckslos. Auf der aus Bruchsteinen gemauerten Basis war auf einer Kupferplatte, verfärbt vom Grünspan, zu lesen: *Maria mit dem Kinde lieb uns allen deinen Segen gib!* Und in kleineren Lettern darunter: *Gestiftet von Konrad Graf von Selbherr.* Daniel konnte sich aussuchen, welcher von den vielen Konrads gemeint war.

Eine Nonne in weißem Habit kam durch die Schwingtür der Eingangshalle. Sie lachte Frau und Herrn Deubel fröhlich an.

»Grüß Gott, Schwester Gerburgis!« Frau Deubel winkte der Nonne zu. »Wir wollen mal wieder unsere Zofia besuchen. Wissen Sie, wo sie steckt?«

»Grüß Gott, Frau Deubel! Grüß Gott, Herr Deubel!« Daniel wurde nicht beachtet. »Ja freilich weiß ich, wo sie ist. Sie sitzt wie immer auf ihrem Lieblingsplatz unten am Weiher. Sie wird sich über den Besuch freuen. Heut ist sie gut drauf.«

Das Sonnenwetter hatte die alten Leute ins Freie gelockt. Einige spazierten allein auf den Wegen, andere hockten palavernd auf den Bänken, manche humpelten an Krücken oder wurden von Pflegerinnen und Pflegern im Rollstuhl spazieren geführt. Daniel fühlte sich seltsam berührt. Was er sah, beruhigte ihn und machte ihn zugleich traurig.

Unwillkürlich musste Daniel an einen schrumpligen Apfel denken, als er in das Gesicht der alten Frau schaute. Ihre Augen waren offen, doch der Blick schien nach innen gekehrt. Sah sie wirklich die Krickenten und Wasserhühner, die zwischen den Schwertlilien dümpelten, oder war sie mit ihren Gedanken weit in der Vergangenheit? Eine Hummel kroch über ihren Arm, sie schien es nicht zu bemerken.

»Grüß dich, Zofia!«, rief Herr Deubel. »Wie geht's, wie steht's denn so? Wir haben Besuch mitgebracht.«

Die alte Frau schreckte auf aus dem Halbschlaf und brauchte eine Weile, um sich zu orientieren. Dann erkannte sie die Deubels. »Grüß dich, Paula! Grüß dich, Clemens! – Und wer ist denn das?«

Daniel sprach sehr laut, denn anscheinend war die Frau schwerhörig. »Grüß Gott, Frau Eberle! Ich bin Daniel Selbherr.«

»Selbherr!« Frau Deubel setzte sich zu der alten Frau auf die Bank und schüttelte ihren Arm. »Hast du den Namen gehört? Selbherr. Jetzt rat einmal, wer das sein könnte.«

»Er ist ein fescher Bub.« Zofia Eberle schaute Daniel aufmerksam ins Gesicht. »Ich kenn ihn halt nicht. Wie soll ich wissen, wer das sein könnte?« Sie lächelte verlegen.

Mäuseaugen, dachte Daniel, die Frau hat wunderschöne Mäuseaugen. Aber es gelang ihm nicht, sich die Frau als das Mädchen Zofia aus dem Tagebuch vorzustellen.

Herr Deubel platzte dann mit der Überraschung heraus: »Das ist der Enkelsohn von Mechthild! Daniel Selbherr. Na, was sagst du nun, Zofia?«

Die Frau strich sich über das Gesicht, als müsste sie einen Schleier wegwischen. Dann setzte sie sich aufrecht. Das müde Gesicht war plötzlich hellwach vor freudiger Erregung. »Von Mechthild? Das ist ein Wunder, heilige Madonna, das ist ein Wunder! Lebt Mechthild noch? Geht es ihr gut?« Sie streckte Daniel beide Hände entgegen.

Daniel ergriff sie scheu. »Ja, der Mecky … Der Mechthild geht es gut. Eigentlich geht's ihr gut. Aber jetzt ist sie grad im Krankenhaus, weil sie sich den Arm gebrochen hat bei einem Sturz. Mit ihrem Rennrad ist sie gestürzt. Sie ist ja manchmal ein bisschen verrückt.«

»Verrückt. Bub, da sagst du was. Ein gutes Mädchen, die Mechthild, aber ein bissle verrückt war sie schon immer – und unvorsichtig war sie.« Zofia summte ganz leise: »*Au clair de la lune* …« Dann zog sie die Hände zurück. »Sie hat also das Kind zur Welt gebracht. Wie schön!«

»Das Kind ist mein Vater«, sagte Daniel und merkte gleichzeitig, dass sich diese Formulierung komisch anhörte. »Mein Vater heißt Alfons, er wurde nach seinem Vater genannt, nach Alphonse.«

Obwohl es überflüssig war, fügte Daniel hinzu: »Mechthild ist meine Großmutter.«

Wieder der prüfende Blick. Suchte sie nach Ähnlichkeit in den Gesichtszügen? »Mechthild und Alphonse, das war eine schöne Liebe. Ach Gott, dass das alles so schrecklich enden musste – und so traurig! Aber sie waren so unvorsichtig, die zwei Verliebten. Immer wieder habe ich Mechthild gewarnt. Pass besser auf, hab ich gesagt, du kennst doch deinen Bruder. Der ist böse, der Konrad. Wenn er's herausbekommt, dann wird es schlimm. Aber Liebe macht blind. So sagt man doch, gell?«

»Bitte, Frau Eberle, erzählen Sie!«, bat Daniel. »Was geschah, als Konrad entdeckte, dass seine Schwester und der junge Franzose …« Er suchte nach den richtigen Worten. »Dass sie sich heimlich trafen und dass Mechthild dann, na ja, dass sie schwanger war.«

Die alte Frau atmete mehrmals tief durch, als müsste sie einen Anlauf nehmen, wahrscheinlich aber wollte sie die Szenen der Erinnerung in ihrem Gedächtnis ordnen. Daniel hockte vor ihr im Gras, Paula und Clemens Deubel saßen rechts und links neben Zofia Eberle auf der Parkbank. Vom kleinen Weiher klang das Keckern der Blesshühner herüber.

Zögernd erzählte die alte Frau, dann und wann hielt sie inne, als müsste sie sich neu konzentrieren, doch vielleicht brauchte sie diese Pausen, um ruhig zu atmen, damit sie nicht von der Traurigkeit überwältigt wurde.

Zofia war Mechthilds Vertraute gewesen. Sie war von Anfang an in das Geheimnis eingeweiht und fungierte manchmal als Postillon d'amour. Wenn sie den Torfstechern das Essen ins Ried brachte, steckte sie Alphonse hin und wieder Zettelchen mit Nachrichten von Mechthild zu und brachte die Antworten zurück ins Schloss. Zofia wusste von den heimlichen Treffen spät am Abend beim Krausen Kreuz und danach in einem der Sandkeller. Sie warnte und mahnte, aber es war vergeblich. Dann war sie die Erste, die erfuhr, dass Mechthild ein Kind erwartete. Alphonse war ein sehr geschickter Schnitzer. Aus Wurzelholz schnitzte er kleine Tierfiguren. Mechthild trug ein hölzernes Eichhörnchen an einer Lederschnur um den Hals. Das war so leichtfertig, das war Wahnsinn!

Das Eichhörnchen! Wie oft hatte Daniel das Figürchen in der Hand gehalten, dieses zierliche kleine Tier, das neben der Schreibzeugschale auf Oma Meckys Sekretär stand.

Zofia Eberle faltete die Hände und hielt sie vor die Lippen. Die Katastrophe sei unausweichlich gewesen, sagte sie, und es habe ihr fast das Herz gebrochen. Die Hartherzigkeit des Vaters, die Grausamkeit des Bruders! Das sei für Mechthild die Hölle gewesen. Und Alphonse sei zum letzten Treffen nicht mehr gekommen.

»Sie haben sie einfach abgeschoben.« Zofias Stimme zitterte. »Weggeschmissen wie eine verwelkte Blume. Mechthild sei aus Sicherheitsgründen zu einer Tante nach Essen gefahren, wurde offiziell im Schloss gesagt. Manche haben das geglaubt, manche nicht. Man durfte nicht mehr über sie sprechen, es gab sie einfach nicht mehr. Das hatte der Graf so angeordnet. Ich habe immer gehofft, dass Mechthild wenigstens zu ihrer Mutter noch heimlich Kontakt hatte. Vielleicht war es so, vielleicht auch nicht. Ach ja, so oft hab ich an Mechthild gedacht, sie ging mir nie aus dem Sinn. Am Anfang, als sie weg war, da war ich ganz verzweifelt. Und geweint hab ich.« Kaum hörbar flüsterte die alte Frau: »Aber sie lebt noch. Das ist schön.«

Daniel fühlte, dass Zofia keine Kraft mehr hatte und nicht weiterreden wollte, doch er musste mehr über Alphonse erfahren, vor allem darum war er hergereist. »Es wird gesagt, Alphonse sei damals geflohen, einfach ausgerissen oder so. Glauben Sie das auch, Frau Eberle?«

Da war plötzlich Zorn in der Stimme der alten Frau. »Lüge, dummes Gerede, nur Geschwätz! Als ob Alphonse weglaufen würde von seiner Mechthild, wo sie sich doch so innig liebten, die beiden. Gleich nach dem Krieg wollten sie fort von hier. In Frankreich wollten sie leben.«

Das hatte Daniel ja schon aus dem Tagebuch erfahren. Er hakte nach, auch wenn er die Kräfte der Frau überforderte. »Aber was ist denn wohl aus Alphonse geworden? Man kann doch nicht einfach vom Erdboden verschwinden, man kann sich nicht in Luft auflösen!«

»Nicht so heftig bitte«, mahnte Frau Deubel.

Zofia schloss die Augen und kniff die Lippen zusammen, wie es Kinder tun, wenn sie etwas nicht verraten wollen, aber dann antwortete sie doch: »Was aus ihm geworden ist? Das darf ich nicht sagen, das darf ich nur denken, weil ich's nicht genau weiß. Man darf kein falsches

Zeugnis geben, so steht's in der Bibel. Ein Mann von der Gestapo ist gekommen. Im Schloss haben sie's dann amtlich aufgeschrieben. Der französische Kriegsgefangene Alphonse Larigaudie wär geflüchtet und wahrscheinlich irgendwo auf der Flucht von der Polizei erschossen worden. Und dass es auch Selbstmord sein könnte, das wurde auch erwähnt. Damit war der Fall erledigt.«

Alphonse Larigaudie. Daniel lauschte den Wörtern nach. Jetzt kannte er den ganzen Namen. Welch ein schöner Name. Voll Erstaunen dachte er: Wenn Mecky und Alphonse geheiratet hätten, hieße ich jetzt auch Larigaudie. Das war verwirrend.

»Sie glauben aber nicht, dass es die Wahrheit war, was man damals im Schloss amtlich festgestellt hat?«

Zofia Eberle hielt verschwörerisch die Hand an den Mund und beugte sich zu Daniel hinab. »Bub, jetzt lausch einmal. Als sie die alten Torfgruben ausbaggerten, damit ein See entstand, da haben die Arbeiter eine Leiche gefunden, die war noch nicht vermodert. Der Moorschlamm hat das bewirkt, verstehst du? Zu erkennen war der Tote nicht mehr, aber da waren eine Gürtelschnalle und Fetzen von einer französischen Uniform. Die Kriminalpolizei hat's dann so gesagt: Nicht identifizierbarer Toter, vermutlich französischer Soldat, umgekommen in den Wirren bei Kriegsende, im Moor verirrt, Todesart unbekannt. So ungefähr hat's geheißen. So hat es wohl auch der Graf gewollt, und dass man nicht drüber redet, das hat er auch verlangt.«

Herr Deubel sprang überrascht von der Bank auf.

»Davon hab ich ja gar nichts gewusst! Jesses, das ist ein Ding.«

»Als der See entstand, lebten wir doch längst in Konstanz«, gab seine Frau zu bedenken. »Wie hätten wir's denn erfahren sollen? Und wenn sowieso nicht darüber geredet wurde – na!«

Die alte Frau wusste aber noch etwas. »Der Karl hat die Leiche damals gesehen. Im Totenschädel war ein Einschussloch, das hat er mir gesagt. Schwören musste ich ihm, dass ich's niemandem verrate, weil es gefährlich ist, die Anordnungen vom Schloss zu missachten. Aber nun spielt's ja keine Rolle mehr nach so langer Zeit. Den toten Soldaten hat man dann auf dem Friedhof zur ewigen Ruhe beigesetzt. Der Pfarrer war sogar dabei und hat das Grab gesegnet.«

»Hier auf dem Friedhof?« Daniels Hände zitterten auf einmal. »Das Grab – gibt es das noch immer?«

»Ei freilich.« Zofia sagte das mit solcher Bestimmtheit, als wäre das eine Selbstverständlichkeit. »Warum sollte es das Grab denn nicht mehr geben? Kommt mit, ich zeig es euch!« Mit einem Ruck rutschte sie von der Bank und fasste Clemens und Paula Deubel bei den Händen. Sie war eine sehr kleine Frau.

Die Grabstelle befand sich in der letzten Reihe, dicht bei dem Container für verwelkte Blumensträuße und Kränze, und war von feinblättrigem Efeu überwuchert. Die Schrift in der bemoosten Steinplatte war nur schwer zu lesen.

UNBEKANNTER
FRANZÖSISCHER SOLDAT
R.I.P.

Requiescat in pace: eine Floskel nur. Das dachte Daniel, als er vor dem Grab stand und verlegen und nervös die Hände knetete. Er fühlte Bitterkeit und Trauer, aber da war noch ein anderes Gefühl, das er nicht zu deuten wusste. War es so etwas wie Erleichterung darüber, dass er jetzt vor diesem Grab stehen konnte? Er möge in Frieden ruhen. Wirklich, bloß eine Floskel. Wer seine geliebte Frau und sein ungeborenes Kind so plötzlich verlor, der konnte doch nicht in Frieden ruhen. Sie hatten mehr als nur sein Leben zerstört. Armer Alphonse!

Die Frage, ob seine Großmutter und sein Vater je etwas von diesem Grab erfahren hatten, quälte ihn. Sein Blick fiel auf den steinernen Engel am Ende des zentralen Friedhofsweges, der den Kopf geneigt und die Hände geöffnet zu haben schien. Das sollte wohl eine tröstende Geste darstellen, aber Daniel dachte: Nur leere Hände, weiter nichts. Doch die Figur erinnerte ihn an den Engel auf dem Umschlag des Buches von Thomas Wolfe. Er flüsterte: *»Schau heimwärts, Engel!«* Das sagte Daniel aber nur so vor sich hin, es hatte nichts zu bedeuten.

Die Deubels und Zofia Eberle entfernten sich ohne einen Abschiedsgruß. Die alte Polin hatte sich bei den beiden eingehakt. Sie spürten, dass Daniel allein sein wollte, und es war ja auch genug geredet worden. Erst später, als er auf dem Bett saß und gierig wie ein Ausgehungerter aß, bedauerte Daniel, dass er sich nicht bedankt hatte. Merkwürdig, dass Zofia ihm keinen Gruß an Mechthild aufgetragen hatte. Oder doch nicht merkwürdig?

Es war still gewesen im Gasthof, als Daniel sich die Platte mit belegten Broten und allerlei Grünzeug und eine Flasche Mineralwasser aus dem Kühlschrank in der Küche holte. Nur die Kühlaggregate hatten gesummt.

Daniel aß und trank und legte sich dann auf das Bett, weil er Zeit vergehen lassen musste bis zur Dämmerung. Es war ein langer Tag gewesen, im Gehirn hämmerten die Gedanken. Daniel fühlte sich erschöpft, aber nicht wirklich müde. Und die Fahrt zum Schloss musste sein, das war klar.

DAS LÄCHELN DES MONDES

Keine Käuzchenrufe. Aber alles andere stimmte für die Szenerie eines Gruselfilms. Im milchigen Dämmerlicht schwamm die fast runde Scheibe des Mondes, umkränzt von sepiafarbenen Wolkenfetzen, und verzerrte die Büsche und Bäume des Parks zu Spukgestalten mit schwarzen Schatten. Der leichte Wind raunte verworrene Geschichten und ließ die Blätter der Weinranken an der hohen Mauer zittern. Die warme Luft schmeckte süßlich nach Ligusterblüten. In den Fensterscheiben des Hauptgebäudes spiegelte sich das Mondlicht, und es sah so aus, als wären die Räume hell erleuchtet. Aber Daniel ließ sich nicht täuschen.

Er kauerte gebückt auf der Mauerkrone über dem Bogen des hinteren Tores. Es war spielend leicht gewesen, die Mauer zu erklettern, denn auf einem Pick-up, der neben zwei anderen Fahrzeugen der Handwerker draußen vor dem Tor stand, lagen Leitern unterschiedlicher Länge. Daniel wartete darauf, dass sein Pulsschlag sich beruhigte. Fürchtete er sich? Da waren so viele Gefühle, die das Denken behinderten, und gewiss war auch Furcht dabei. Cool, Mann, bleib cool!, redete er sich zu.

Die entscheidende Frage war, ob die Schäferhunde nachts das große Gartengelände durchstreiften. Wenn die ihn stellten, konnte er seinen Plan in den Mond schreiben und nur noch beten. Das Gesicht des Mondes schien aber mild zu lächeln, und das machte ihm Mut. Daniel konnte sich nicht vorstellen, dass man in einem solch edlen Garten große Hunde frei herumlaufen ließ, denn sie würden gewiss, so gut dressiert sie auch sein mochten, in den Beeten nach Mäusen buddeln oder Wildkaninchen jagen. Wahrscheinlich gab es auch Lücken in der Hainbuchenhecke, durch die schlanke Hunde locker in die Landschaft entwischen konnten. Nein, die Hunde waren bestimmt im Zwinger weit hinten beim Haus der Forstverwaltung. Scharfe Killerhunde fallen Menschen und Tiere an. Selbst ein arroganter Graf würde solch ein Risiko nicht eingehen. Daniel war sich aber bewusst, dass er keine lauten Geräusche verursachen durfte, denn Hunde haben scharfe Ohren. Wenn die Schäferhunde anschlügen, blieb nur die hastige Flucht.

Die Flucht musste er auf jeden Fall vorbereiten. Daniel zupfte den Trageriemen so zurecht, dass die Kamera auf seinem Rücken hing, die Taschenlampe stopfte er sich ins Hemd. Dann zog er Sprosse für Sprosse die Leiter zu sich hoch auf die Mauerkrone. Jetzt bloß nicht die Balance verlieren! Die lange Leiter war schwer. Daniel musste sich so sehr anstrengen, dass ihm fast schwarz wurde vor

Augen. Aber er schaffte es endlich. Als die Leiter waagrecht auf der Mauer wippte, hatte er Mühe, einen Hustenanfall zu unterdrücken. Schweiß brannte in den Augen. Daniel wartete, bis sich der keuchende Atem beruhigte, dann senkte er die Leiter behutsam und so langsam, wie es seine Kräfte zuließen, zur Gartenseite der Mauer hinunter. Das Holz schrappte an den Weinranken entlang. Cool, Mann, bleib cool! Als der Fuß der Leiter in den Kies stieß, lauschte Daniel minutenlang. Nichts bewegte sich da draußen im Halbdunkel. Er blies die Luft aus den Backen. Im Weinlaub knisterte es leise, vielleicht nagten da Insekten.

Und wenn irgendwo im Schatten des Schlosses ein Nachtwächter lauerte? Daniel wischte den Gedanken weg wie eine lästige Mücke. Das durfte einfach nicht sein. Punkt.

Er war jetzt der kühne Kameramann, der im Hochgebirge auf eine schmale Felsnase kroch, um die Jungvögel im Adlerhorst aus der Nähe zu filmen, jederzeit gewärtig, dass das Adlerpaar plötzlich mit mächtigem Schwingenschlag zum Nest zurückkehrte und mit messerscharfen Klauen den Eindringling in ihr Reich attackierte. Er konnte auch der Taucher sein, der zwischen gigantischen Haien schwamm, um die Kamera auf ihre Grauen erregenden Zahnketten zu richten. Oder er lag in einer Sandgrube am Fluss und wartete darauf, dass die Löwen über die trinkenden Gnus und Zebras herfielen und ihre Beute zerfleischten. Mit solchen Vorstellungen machte Daniel sich Mut, als er Tritt für Tritt die schwankende Leiter hinabstieg. Er war jetzt der Profi, der Filmemacher, der wagemutig seinen Job machte, um die entscheidenden Bilder in den Kasten zu kriegen.

Endlich hatte er festen Boden unter den Füßen. Er huschte zu einem Wacholderbusch und prüfte aus der Deckung heraus die Lage. Es war so, wie er es sich schon gedacht hatte. Vorn im Ostflügel waren die Fensterhöhlungen mit Folien verhängt, das doppelstöckige Haupthaus wurde offenbar nur zu Repräsentationsanlässen genutzt, der westliche Schlossflügel schien der eigentliche Wohnbereich der Familie von Selbherr zu sein. Von dort fiel auch Lampenlicht auf den Vorplatz. Daniel beschloss, von der Rückseite des Schlosses aus in die Räume des Ostflügels einzusteigen, weil dorthin das Mondlicht nicht drang. Er tauchte ein in die Dunkelheit und wartete, bis die Augen sich auf die Finsternis eingestellt hatten.

Er wollte zum äußersten Fenster schleichen, da erstarrte er in der Bewegung. Was war das? Leises Läuten wie von kleinen Glocken ertönte plötzlich am Fuß der Ringmauer, wunderliche klare Töne. Daniel spürte, wie ihm am ganzen Körper kalt wurde. Glockengeläute! Als er es endlich begriff, fiel er vor Erleichterung auf die Knie. Eine Unke, eindeutig eine Unke. Er hatte so etwas vorher nie gehört, aber er wusste, dass Unken mit ihrem Geläute Regenwetter ankündigten. Der Schreck ebbte ab. Am liebsten hätte Daniel über sich selbst gelacht.

Also weiter, mutiger Filmemacher!

Von der Hausecke aus ließ Daniel noch einmal den Blick schweifen. Aus einem der flachen Wirtschaftstrakte hinter den Gewächshäusern fiel gelber Lichtschein in den Park. Vermutlich wohnten dort Angestellte der Schlossgärtnerei. Daniel glaubte auch, Stallgeruch zu schnuppern. Hielt man hier Reitpferde? Immerhin hatte Graf junior Stiefel getragen und eine Gerte geschwungen. Egal! Die Bungalows waren weit weg und stellten keine Gefahr für ihn dar, da konnte getrost jemand aus dem Fenster schauen: Der Einbrecher Daniel war für ihn unsichtbar.

Es knirschte, als Daniel das Klebeband vom Fenstersims riss und die Folie zur Seite schob. Er brauchte nur einen Spalt, um in den Raum zu schlüpfen. Sein Mund war trocken, in seinen Gedärmen rumorte es. Daniel knipste die Taschenlampe an und justierte den Strahl auf Streulicht. Werkzeuge, Mörteleimer und leere Flaschen waren zwischen Schutthaufen zu erkennen, Stehleitern mittendrin. Eine Zimmerwand war eingerissen worden. Daniel vermutete, dass dieser westliche Teil des Schlosses zur Kurverwaltung und zu Diagnosepraxen umgebaut werden sollte. Ausgebesserte Stellen am Deckenstuck schimmerten feucht. Daniel stakste über die Plane, die am Boden ausgebreitet war, zum Gang, der die Zimmerfluchten trennte. Alle Türen waren ausgehängt, und so drang ein Schimmer vom Mondlicht von der anderen Hausseite herein. Daniel tastete sich vorwärts, überall lagen Gerätschaften herum, Brocken von abgeschlagenem Putz knackten unter den Schuhsohlen. In einem Raum waren die Fensterflügel gestapelt. Staub hing in der Luft. Daniel kämpfte gegen den Niesreiz an.

Der Gang führte zur Eingangshalle des Hauptgebäudes, zum Zentrum des Schlosses, das hatte Daniel schon am Morgen gesehen. Sein erstes Ziel war also die Doppeltreppe, die zum Obergeschoss führte. Jetzt hoffte er inständig, dass die Tür am Ende des langen Ganges nicht verschlossen war.

Die Tür ließ sich fast geräuschlos öffnen. Halleluja!

Daniel lugte ins Foyer, das vom Mondlicht und von zwei Wandleuchten wie zu einer Märchenbühne zauberhaft erhellt war, und spürte Erleichterung und Beklemmung zugleich. Was würde geschehen, wenn man ihn erwischte? Daniel versuchte vergeblich, diesen Gedanken zu verscheuchen.

Das Schloss war symmetrisch angelegt. Die architektonische Formation des Ostflügels wiederholte sich wahrscheinlich spiegelverkehrt auf der westlichen Seite. Wer befand sich jetzt dort in den barocken Zimmern? Der verhaltensgestörte alte Graf Konrad gewiss und der jüngere Graf Konrad mit seiner Frau, wahrscheinlich Dienstpersonal und eine Pflegerin oder ein Pfleger für den Greis. Und wer noch? Daniel wusste nicht, warum er ausgerechnet in diesem Augenblick darüber nachdachte. Es spielte doch jetzt keine Rolle. Entscheidend war, dass er unbemerkt das schauderhafte Jagdzimmer erreichte, um seine Arbeit zu erledigen. Daniel bildete sich ein, Musik zu vernehmen, vielleicht hörte er sie aber auch wirklich. Doch da waren noch andere Geräusche: Das Schloss schien zu atmen.

Daniel zog die Schuhe aus. Spuren von Mörtelstaub auf den Teppichen durfte er nicht riskieren. Er packte vorsichtig die Kamera aus und steckte dafür seine Schuhe ins Futteral. Dann eilte er behände die Treppe hinauf, betrat zitternd den bedrohlich großen Raum und schloss die Tür hinter sich.

Das Bild!

Weißliches Licht von draußen, dazu der Strahl der Taschenlampe. Gebannt schaute Daniel in die vier Gesichter. Das Grafenehepaar: kühl, selbstgefällig, aristokratisch – klischeehaft eben, wie solche Personen auf solchen Bildern stets dargestellt werden wollten, der Mann dominierend, die Frau war eben nur die Frau. Der Junge, der nun ein kranker alter Mann war: keck, sehr akkurat gescheitelt, ein sauberer deutscher Bub. Das Mädchen: Augen voll Neugier, verletzlich wie ein kleiner Vogel.

Dann fiel Daniel etwas auf, was ihm entgangen war, als er am Morgen das Bild zum ersten Mal gesehen hatte. Die Hand von Bruder Konrad lag auf der Schulter der kleinen Schwester Mechthild, und diese Geste deutete etwas Besitzergreifendes an. *Meine* Schwester! Daniel ahnte, was in diesem Konrad vorgegangen war, als die kleine Schwester sich seinem Einfluss entzog und es wagte, sich zu verlieben. Ausgerechnet in einen Franzosen, einen verachteten Feind, einen erbärmlichen Kriegsgefangenen! Wahrscheinlich war der Nazi Konrad vor blindem Hass fast geplatzt.

Daniel dachte: Das ist meine Verwandtschaft väterlicherseits, aus solch einer Lebenslinie stammen meine Gene. Aber da gab es ja noch die französische Komponente, Alphonse und seine Familie, über die Daniel nichts wusste. In diesen Minuten war ihm zum Heulen.

Er musste seine Arbeit tun. Hochempfindliches Filmmaterial hatte er selbstverständlich eingelegt. Die Kamera summte kaum hörbar, als er das Bild in der Totalen aufnahm und dann die Gesichter im Detail abtastete. Zum Schluss richtete Daniel den Punktstrahl der Taschenlampe auf Mechthilds feine Züge und ließ das Bild lange auf der Augenpartie stehen. Da war das Mädchen noch so jung und unbeschwert gewesen und so voll Freude. – Ach, Mecky, wenn du wüsstest, wo ich jetzt bin! Ihr schöner schmerzlicher Traum: *Auf einmal war ich wieder das kleine Mädchen zu Hause in unserem Schloss.*

Es war Zeit zu verschwinden. Daniel hatte viel gewagt, Schweiß juckte am ganzen Körper. Nur nicht zum Schluss noch die Nerven verlieren und in der Hast Lärm verursachen. Cool, Mann, ganz cool! Daniel schlich die Treppe hinunter und verließ das Gebäude auf dem gleichen Weg, wie er eingedrungen war.

Dann geriet er doch in Panik, zu groß war die Anspannung gewesen. Als er durch den Spalt in der Folie geklettert war, rannte er auf der Rückseite des Schlosses in die falsche Richtung. Er stoppte, als er den Irrtum begriff, da flammte plötzlich oben in einem Erker das Licht auf. Daniel erkannte die Kontur einer Frau. Frau von Selbherr? Die Frau schaute zu ihm hinunter. Es war hell genug im Mondlicht, sie musste ihn deutlich sehen, sie musste ihn sogar erkennen, doch sie bewegte sich nicht und blieb stumm. Das war merkwürdig.

Daniel drehte um und hastete zur Mauer. Grasstoppeln piksten durch die Socken, das schmerzte höllisch. Erst am Fuß der Leiter zog Daniel, völlig außer Puste, die Schuhe wieder an. Er fühlte sich erleichtert und zugleich ausgebrannt wie nach einem scharfen Mittelstreckenlauf. In den Oberschenkeln tickte ein stechender Schmerz, als er die Leiter hinaufstieg. Den Rest erledigte er mühsam. Langsam ging er zum Auto, das er am Waldrand abgestellt hatte, und legte die Taschenlampe ins Handschuhfach. Er hatte Bilder von dem Gemälde, Aufgabe erfüllt.

Der Mond war gestiegen. Er lächelte nicht mehr.

Daniel ging durch den Hintereingang ins Haus. Ein Notlicht brannte im Treppenhaus. Es war ruhig im Goldenen Lamm. Daniel duschte nur kurz, schlürfte den Rest des Mineralwassers und legte sich nackt aufs Bett. Er wusste, dass er nicht wirklich schlafen würde, jedenfalls vorläufig noch nicht, er war zu sehr aufgewühlt nach den Erlebnissen des Tages. Immerhin erreichte er einen Zustand zwischen unruhigem Wachtraum und tauber Müdigkeit. Die Frage beschäftigte ihn, ob er seine Aufgabe wirklich erfüllt hatte.

Hätte er Zofia Eberle filmen sollen? Unsinn, das wäre peinlich gewesen. Und wozu auch? Oma Mecky würde seinen Film ohnehin nicht sehen, seinem Vater war die Polin eine Unbekannte, ihr Name würde ihm nichts bedeuten. Oder hatte er etwa das Tagebuch gelesen? Das war unwahrscheinlich.

Das Krause Kreuz! Daniel musste unbedingt zum

Krausen Kreuz gehen. Vom Treffpunkt der Liebenden brauchte er Bilder. Und da gab es noch diese Sandkeller. Wo waren sie und was war das überhaupt? In einem Sandkeller war das Kind Alfons gezeugt worden. Morgen, dachte Daniel, morgen.

Mehrmals hörte Daniel die Kirchturmuhr schlagen, aber er zählte die Schläge nicht. Die Zeit hatte keine Bedeutung in dieser Nacht. Sollten die Gedanken doch ihre Spielchen treiben in seinem Gehirn! Zweifel am Sinn der Reise stellten sich wieder ein. Daniel verscheuchte sie. Die Spurensuche hatte ihn der Wahrheit näher gebracht. Nur das zählte.

DAS BLASSE MÄDCHEN

Die Stimmung war umgeschlagen. Daniel spürte es beinahe körperlich, als er sich an den Tisch setzte. Am Frühstücksangebot war nichts auszusetzen, es war wieder reichhaltig und etwas zu üppig, doch Frau Lehleitner erwiderte seinen Gruß nur knapp und stellte ihm dann wortlos die Kaffeekanne hin. Daniela, an diesem Morgen in bauchfreiem Top, war mit dem Staubsauger zugange und hatte keinen Blick für den Gast. Anscheinend war sie nicht mehr scharf auf eine Hauptrolle. Wieder fand Daniel es peinlich, dass sie Daniela hieß. Warum nicht Trixi oder Edeltraud oder Kleopatra? Ausgerechnet Daniela! Warum tut man mir das an?, dachte Daniel voll Selbstmitleid. Er war grantig nach schlechtem Schlaf. Trotzdem langte er kräftig zu, denn er brauchte Kraft für den Tag. Es sollte der letzte sein in Aulenrith, das stand für ihn fest. Der Kaffee war stark und putschte ihn ein wenig auf.

Der Wirt schaute kurz über die Schwingtür, zog sich dann aber wieder in die Küche zurück. Scheinbar hatte er den einsamen Gast nicht bemerkt. Ja, die Stimmung war umgeschlagen. Frau Lehleitner tuschelte mit Daniela, dann kam sie zögernd zu Daniel an den Fenstertisch und zupfte an den Aufschlägen ihres weißen Kittels. Sie rückte sich einen Stuhl zurecht, setzte sich jedoch nur wie flüchtig hin, so wie jemand, der gleich wieder aufstehen will.

»Ich muss Sie etwas fragen, Herr Michels.«

»Bitte, fragen Sie«, antwortete Daniel mit vollem Mund.

»Ich möcht halt gern wissen, ob es etwas zu bedeuten hat, dass der Wachtmeister heut früh das Kennzeichen von Ihrem Auto überprüft hat. Hat sich die Nummer notiert, aber sagen wollte er mir nichts, als ich ihn gefragt hab. Sie haben doch hoffentlich nichts Unrechtes getan? Also, dann wollen wir nichts damit zu schaffen haben. Wir legen Wert auf seriöse Gäste. Mit dem Schloss darf man sich's nämlich nicht verderben.«

Daniel wischte sich den Mund ab. »Verzeihung, Frau Lehleitner, aber was Sie da reden … Also, ich verstehe kein Wort. Vielleicht bin ich irgendwo ein bisschen zu schnell gefahren und geblitzt worden. Der Polizist hat wohl das Autokennzeichen noch mal überprüft. Mal wieder ein Bußgeldbescheid.« Daniel versuchte, gelassen zu grinsen. »Machen Sie sich mal bloß keine Gedanken.«

Die Wirtin machte sich aber Gedanken. »Könnt's nicht sein, dass der Graf den Wachtmeister geschickt hat? Da hätt ich schon gern eine Antwort von Ihnen. Was Sie uns über Ihr Filmprojekt erzählt haben, das ist doch richtig?

Oder geht es um etwas ganz anderes in Wirklichkeit? Man hat so seine Zweifel.«

Daher wehte also der Wind. Der Graf kontrollierte die Polizei, der Graf hatte überall seine Finger im Spiel, die Leute kuschten und buhlten um seine Gunst, die Marionetten hampelten an den Fäden, die Feudalzeit ließ schön grüßen. Klar, mit dem Schloss darf man sich's nicht verderben. Andererseits, dachte Daniel, sind die Menschen selbst hier in der Stadt weitgehend wirtschaftlich abhängig vom Wohlwollen des Schlossherrn. Daniel hatte natürlich keinen Durchblick, doch er erinnerte sich an die Andeutungen von Clemens Deubel. Und da war die Angst der Bauern von Aulenrith.

War Graf Konrad von Selbherr junior misstrauisch geworden? *Uns entgeht nichts!* Daniel ahnte dunkel, dass er mit seinem Gelaber von Goethe und Schiller den Bogen überspannt hatte. Zu dick aufgetragen, zu abrupt den Plot gewechselt. Zuerst sollte es eine Groteske vom Duell der Großdichter sein, dann plötzlich, weil das dem Deutschgrafen nicht gefiel, die Rolle rückwärts: Selbstverständlich kann es auch das Hohelied auf unsere großen deutschen Klassiker sein. – Wie es Euch gefällt, Hoheit.

Das war ein Fehler gewesen. Daniel erkannte, dass er sich selber ausgetrickst hatte mit seinem vorlauten Geplapper. Man sollte seine Gegner eben nicht unterschätzen. Der Graf war nicht naiv, er war ein knallharter Geschäftsmann. Okay, TV-Publicity konnte er gut brauchen für seine gigantischen Moorbäderklinikpläne, da war er spontan angesprungen, doch nachträglich waren ihm wohl Zweifel gekommen an dem hochbegabten Filmemacher Daniel Michels. Der konnte ja auch ein Scharlatan sein. Doch dann stellte sich die Frage: Warum wollte dieser junge Spund unbedingt mit seiner Kamera im Park und im Schloss herumfilmen?

Das war jetzt alles nicht mehr wichtig. Daniel hatte die Aufnahmen im Kasten. Sollte doch ein Provinzbulle getrost das Autokennzeichen notieren! Letzter Arbeitstag, letzte Klappe, Schlussszene. Und dann: Cut! Im Moment ging es nur noch darum, der Wirtin Honig ums Maul zu schmieren.

»Vergessen Sie den Wachtmeister, Frau Lehleitner! Es kann sich nur um ein Missverständnis handeln.« Daniel bestrich eine Semmelhälfte dick mit Leberwurst und biss hinein. So gewann er Zeit, um sich schön pomadige Sätze auszudenken. »Herr von Selbherr zeigte sich unserem Filmprojekt gegenüber äußerst aufgeschlossen, ich möchte schon sagen: wohlwollend. Wir hatten ein sehr interessantes Gespräch, und Probeaufnahmen im Ried habe ich ja nun auch gemacht. Halten Sie mir die Daumen, dass mit der Finanzierung aus der Filmförderung alles klappt!«

Die Wirtin stand auf und verschränkte die Arme unter der Brust. »Wenn man Sie so hört, Herr Michels. Glauben möcht man's schon.« Ihrem skeptischen Blick war anzusehen, dass sie es nicht glaubte.

»Es ist alles in Butter.«

Da irrte Daniel sich. Der Tag war noch jung. Mancher

Filmemacher hatte am letzten Drehtag böse Überraschungen erleben müssen. Eigentlich wusste Daniel so etwas doch.

»Was haben Sie heute vor?«, fragte die Wirtin.

Daniel musste schreien, weil Daniela mit dem Staubsauger näher rückte. »Ich will mich beim Krausen Kreuz mal umsehen. Gibt vielleicht was her für einen Gruselstreifen. Immerhin stand da ja früher der Galgen.«

»Wer hat Ihnen denn das gesagt?«

»Der Herr Deubel.«

»Ach, der? Was der Herr Deubel so alles erzählt!« Frau Lehleitner mochte Herrn Deubel nicht, das war nicht zu überhören. »Dann wünsche ich Ihnen einen angenehmen Tag.«

Daniel bedankte sich.

Als er zu den Höfen von Aulenrith hinüberschaute, stoppte Daniel den Astra. Die Scheinidylle war gestört. Landvermesser in hellen Scharen waren eingefallen und wieselten zwischen Gestrüpp, Feldern und Häusern umher, rammten Messlatten ein, peilten durch aufgebockte Fernrohre, Nivelliergeräte und Tachymeter, beugten die Köpfe über Lagepläne. An den Weidezäunen drängelten sich neugierig die Kühe und brüllten aufgeregt. Von Selbherrs große Pläne. Die Maschinerie war angerollt. Daniel sah Frauen und Kinder, die schauten bewegungslos zu. Hundegebell übertönte die Rufe der Vermesser.

Es ging ihn nichts an, er hatte nichts damit zu tun, trotzdem fühlte Daniel sich betroffen. An der Kreuzung lenkte er den Wagen in die Zufahrt zum Weiler und parkte ihn bei den Fahrzeugen der Landvermesser. Ein Mann in leuchtorangefarbener Weste und Gummistiefeln und mit dem Handy am Ohr schaute ihn argwöhnisch an, sagte aber nichts. Daniel erkannte die Bäuerin vom Sauterhof. Sie stand beim Gastank und hielt ein Tuch vor dem Mund. Weinte sie?

»Sie sind's schon wieder?« Die Frau weinte nicht, Verbitterung stand in ihrem Gesicht. »Hat Ihnen der Herr Deubel alles über die Franzosen berichtet?«

»Hat er. Das war ein guter Tipp von Ihnen. Nochmals vielen Dank. Ich hab die Leute mit den Messgeräten von der Straße aus gesehen und da wollte ich ...«

Die Frau unterbrach ihn. »Jetzt hat sich's doch bewahrheitet, jetzt wird's ernst. Das ist das Ende von unserem Dörfle.«

Daniel kam sich hilflos vor. Er hatte keinen Trost für die Bäuerin, wollte aber irgendetwas sagen. »Ich hab gehört, es soll großzügige Abfindungen geben.«

»Abfindungen!« Es war, als spuckte die Frau das Wort aus. »Es wird die Mutter umbringen. Man weiß ja, wer die Schuld trägt.« Sie deutete mit dem Kinn in die Richtung, in der unten im Tal das Schloss lag. »Habgier ist eine schwere Sünde. Mit uns einfachen Leut' kann man's ja machen. Aber ich werd ihn verfluchen, das schwör ich bei unserm Herrgott.«

Ihm fiel bloß das Wort Scheiße ein, darum schwieg Daniel lieber. Er sah Peter und Paul auf einem Gatter hocken. Sie kraulten eine Katze. Daniel hatte diese Katze schon einmal gesehen. Die Jungen beachteten ihn nicht, sie hatten nur Augen für die Männer mit den Messgeräten.

Daniel ging zurück zu seinem Wagen, wendete und fuhr wieder zur Landstraße hinauf. Am Ende der Buschreihen kam ihm ein übergroßer Transporter entgegen mit der schwungvollen Seitenaufschrift *Orchideen von Schloss Aulenrith*.

Herr Deubel hatte ihm den Weg beschrieben. Den Wagen ließ Daniel am Straßenrand im Schatten von hohen Fichten stehen. Ein Grauschleier hatte sich über den Himmel gezogen, doch die Sonne stach unvermindert. Es war windstill. Daniel fühlte, dass die Luft irgendwie schwerer zu atmen war. Vielleicht würde das Wetter umschlagen. Hatte die Unke vorausspürend geunkt? Als Daniel sich die Kameratasche umhängte, hörte er den Hufschlag. Der Reiter ritt einen Rappen und näherte sich auf dem Weg, der am Waldrand entlangführte, dann erkannte Daniel, dass es eine Reiterin war. Die Frau vom Schloss.

»Guten Morgen!«, rief Daniel. »Verdammt schönes Pferd.«

Die Frau neigte den Kopf ein wenig und tippte an die Reitkappe, das war alles. Daniel schaute ihr nach. Als sie die Straße überquert hatte und die Zufahrt zum hinteren Tor erreicht hatte, setzte sie das Pferd in Trab.

Daniel war sich sicher, dass die Frau ihn erkannt hatte. Sie hatte ihn im Schlossgarten gesehen, als sie den Seniorgrafen mit seinem Rollstuhl ins Haus geschoben hatte, sie war ihm im Foyer begegnet und sie hatte am Erkerfenster gestanden, als er im Mondlicht auf dem Rückzug von seinem Einbruch gewesen war. Sie hätte ihn jetzt fragen können, was er in der Nacht im Schlosspark getrieben hatte, aber sie nahm ihn geradezu demonstrativ nicht wahr. Frau von Selbherr war für Daniel sehr rätselhaft. Er glaubte, Traurigkeit in ihrem Gesicht entdeckt zu haben, doch das konnte auch eine Täuschung gewesen sein.

Die betörend süßen Düfte der Büsche aus dem Unterholz machten ihn schläfrig. Zur linken Seite erhoben sich die Waldhügel, rechts dehnte sich das Ried aus, über dem silbergrauer Dunst waberte. Daniel trottete gemächlich auf dem Grasweg. An einer Schneise, die bergan in den Buchenwald führte und von den dicken Profilreifen der Forstfahrzeuge gefurcht war, warnte ein Holzschild:

ACHTUNG!
Das Verlassen der Waldwege ist verboten.
Forstverwaltung Aulenrith

Wichtigtuer, dachte Daniel. Zuwiderhandelnde würden wahrscheinlich belangt, das kannte er ja schon. Was war denn schon dabei, wenn man in diesen riesengroßen Waldungen einmal abseits der Wege unter den Bäumen spazierte, um weichen Boden unter den Füßen zu spüren und nach Bucheckern, Beeren und Pilzen zu suchen! Vielleicht gab es überhaupt keine Wege. Möglicherweise hatten die Heinis von der komischen Forstverwaltung

Spaß daran, Schilder aufzustellen. Der Wald ist Privatbesitz – ätsch.

Das Krause Kreuz stand in einer Heidekrautfläche. Es war ungefähr drei Meter hoch, der Sandstein war verwittert und an manchen Stellen zerbröselt. In den Sockel war irgendwann einmal eine Inschrift eingemeißelt worden, doch Daniel konnte die Relikte der Buchstaben nicht entziffern, weil Schichten vom Stein abgeblättert waren.

Behutsam betastete Daniel mit beiden Händen das Kreuz und presste die Stirn an den warmen Stein. So stand er lange da. Der Treffpunkt. Er stellte sich vor, wie Mechthild und Alphonse sich hier in der Abenddämmerung in die Arme gefallen waren und sich zur Begrüßung leidenschaftlich geküsst hatten. Ein langer Tag war vergangen, an dem sie sich nach dem Abend sehnten, dann endlich trafen sie sich am Krausen Kreuz, waren zärtlich miteinander und konnten reden und vielleicht sogar lachen. Welch ein Wahnsinn, dass Liebende sich verstecken mussten! Daniel dachte: Verdammter Krieg, verdammte Konrade, verdammter Faschismus! Dann sagte er leise den Namen Alphonse Larigaudie und lauschte dem Klang nach.

Hatten sie hier im Heidekraut gelegen, eng umschlungen und von ihrer Zukunft träumend? Wenn der Krieg endlich zu Ende ist, ja dann! Ein herrliches Leben wartete auf sie. »Verdammt!«, schrie Daniel. »Verdammt!« Er kannte den Schuldigen, der das Glück von Alphonse und Mechthild zerstört hatte, er hatte den Mann gesehen und sein Gebrabbel gehört und jetzt spürte Daniel brennenden Hass, stärker als je zuvor. Arme Mecky! Dass sie es all die Jahre ausgehalten hatte mit solchen Erinnerungen!

Ihm fiel der Satz aus dem Tagebuch ein: *Er sagt Mäschtild, weil er das H nicht richtig aussprechen kann.* Daniel versuchte sich die Stimme des jungen Franzosen vorzustellen, das war sinnlos. Er summte: *»Au clair de la lune …«* Hatten sie das hier miteinander gesungen?

Aufwachen, dachte Daniel, ich muss aufwachen. Letzte Filmaufnahmen waren zu erledigen, dann hatte er seinen Job getan. Er packte die Kamera aus. Also: das Kreuz, das Heidekraut, die Landschaft ringsherum – auch die Kapelle? Die hatte Daniel bis jetzt kaum beachtet. Sie stand einen Steinwurf entfernt zwischen Adlerfarnen, die schon vergilbten. Es war eine sehr kleine Kapelle, ein ockerfarbenes Oval mit einem anmutigen Schieferdach und einem spitzen Türmchen. Ein Pfad aus Bruchsteinen führte zur Tür. Daniel ging diesen Pfad mit der Kamera vor dem Gesicht und umrundete das winzige Bauwerk. Malven waren rings um die Außenmauer gepflanzt. Daniel wollte auch den Innenraum filmen, doch die Pforte war verschlossen. Mal wieder kein Zugang für Unbefugte. Garantiert war das Kapellchen gräfliches Eigentum. Daniel spähte durch das Bleiglasfenster, doch im düsteren Inneren konnte er nur die schemenhaften Formen einer offenbar hölzernen Figur erkennen. Vielleicht der Hauspatron der Grafenfamilie von Selbherr. Ob das Kind Mechthild in dieser Kapelle gebetet hatte? Noch einmal rüttelte Daniel an der Türklinke. Vergeblich, da war nichts zu machen.

Da entdeckte Daniel frische Hufspuren im sandigen Boden. Hatte die Reiterin hier eine Rast eingelegt oder die Kapelle besucht? Schlossbewohner hatten natürlich Zugang zum Schlüssel. Daniel fühlte sich schlapp nach der fast schlaflosen Nacht. Die Schwüle machte müde und kraftlos. Er setzte sich auf die Stufe vor der Kapellentür, legte die Kamera zur Seite und lehnte den Kopf an. Er wollte ein paar Minuten ausruhen. Dann nickte er ein.

Gekicher ließ ihn plötzlich aufschrecken. Ein Mädchen stand da und schaute auf ihn herab. Das Mädchen trug ein Kleid von der Farbe der Malven. Ich habe sie schon einmal gesehen!, durchfuhr es Daniel. Er konnte das Gesicht zwar nicht scharf erkennen, weil das Mädchen die Sonne im Rücken hatte, aber er sah, dass das Gesicht ungewöhnlich blass war. Dann begriff Daniel, dass dieses Mädchen dem Mädchen auf dem Bild ähnelte. Das verwirrte ihn. Schnell stand er auf.

»Entschuldigung! I-i-ich war wohl ein bisschen eingeschlafen.«

»Warum entschuldigst du dich? Schlafen ist doch gut. Was tut der Wind, wenn er nicht weht? Er schläft. Was tut der Schmerz, wenn er nicht quält? Er schläft. Tut mir Leid, dass ich dich aufgeweckt habe.«

»Was du für Sprüche draufhast! Wer bist du?«

»Ich heiße Laetitia.«

»Laetitia – die Freude.«

»Wow, du kannst ja Latein!«

»Och, nur so die paar Brocken, die man in der Schule lernt. Laetitia ist ein schöner Name, finde ich.«

Das Mädchen antwortete ernst: »Der Name täuscht. Und du heißt Daniel. Stimmt's?«

Daniel nickte verwundert. »Woher weißt du das?«

»Ist doch egal. Ich weiß es eben.«

»Wohnst du hier in der Gegend?«

»Klar«, sagte Laetitia, »ich wohne zu Hause in unserem Schloss. Manchmal trage ich sogar eine Krone.«

»Eine Krone?« Ungläubig starrte Daniel das Mädchen an.

»Angeschmiert!« Laetitia kicherte wieder. »Ist doch nur ein Witz. – Warum setzt du dich denn nicht in die Kapelle, wenn du dich ausruhen willst? Da drinnen ist es doch viel kühler.«

Daniel hob die Handflächen. »Hätt ich ja gern gemacht, aber die Tür ist leider abgeschlossen.«

»Unsinn! Die Kapelle ist immer offen.« Laetitia schob Daniel zur Seite und griff nach der Klinke. »Siehst du?«

Die Tür ging auf. Daniel konnte das nicht verstehen.

GEFAHR IM WALD

Sonnenlicht flutete in den engen Sakralraum. Viel zu groß die Statue in der Apsis. Sie stellte einen Priester dar, der mit beiden Händen einen Messkelch hielt und den Blick nach oben gewandt hatte. Die Blattvergoldung von Stola und Kelch war beschädigt, die grüne Farbe des Messgewandes hatte Risse. Daniel sah zwei Kniebänke mit burgunderroten Polstern, einen fünfarmigen Kerzenständer aus Eisen und an der Wand neben dem rechten Rundfenster ein Kruzifix mit offenbar elfenbeinernem Korpus. Zu Füßen der Figur lag ein verwelkter Rosenstrauß. In die Rundung hinter der Statue waren in gotischen Lettern Lebensdaten gemalt: immer nur der Name Konrad Graf von Selbherr, dahinter das Sternchen mit dem Geburtsjahr und das Kreuzchen mit dem Sterbejahr. Daniel zählte die verblichenen Konrade nicht. Es gab keine Frauennamen. Anscheinend zählten in der Familie nur die toten Männer. Auf einer Holztafel neben dem Kerzenständer standen Textzeilen.

»Wen stellt denn der Typ dar?« Daniel zeigte auf die Figur.

»Kannst du dir das nicht denken?«

»Ich tippe mal auf den heiligen Konrad.«

»Bingo.« Laetitia deutete Beifallklatschen an.

»Und was war so heilig an dem Knaben?«

Laetitia zuckte mit den Schultern. »Es gibt halt so fromme Legenden. Die einen glauben dran, die anderen halten's für Ammenmärchen. Lies einfach mal!« Sie legte die Hand auf die Holztafel.

Daniel las:

Wir grüßen dich, o Schutzpatron,
Sankt Konrad, heil'ger Fürstensohn!
Breit segnend über Volk und Land
vom Himmel deine mächt'ge Hand.
Sankt Konrad, bitt für uns!

Du beugst dich vor dem höchsten Gut,
trinkst aus dem Kelch das heil'ge Blut,
wenn auch darin mit jähem Tod
der Spinne Gift dem Leben droht.
Sankt Konrad, bitt für uns!

»Muss ich das verstehen?«, fragte Daniel. »Spinnengift in 'nem Kelch, komisch. Wollte jemand den Mann vergiften?«

Laetitia lachte amüsiert. »Das ist der Anfang vom Konradlied, es hat noch viel mehr Strophen. In der Kirche wird's noch manchmal gesungen, jedenfalls hier im Schwabenland. Aber vergiften wollte den Priester Konrad niemand. Es war ein bisschen anders.«

Daniel hörte aufmerksam zu, als Laetitia die Geschichte erzählte. Ihre sanfte Stimme, in der ein Glöckchen zu klingen schien, bezauberte ihn. Gebannt schaute er in Laetitias Gesicht. Diese bestürzende Ähnlichkeit mit dem Mädchen auf dem Bild!

Bei der Messfeier war es geschehen. Gerade hatte der Priester Konrad den Wein in das Blut Christi verwandelt, da fiel von der Kirchendecke eine Giftspinne in seinen Kelch. Aber ohne zu zögern hatte Konrad den Kelch geleert und die Spinne verschluckt.

Daniel gluckste. »Und dafür wird man heilig gesprochen? Mein Kumpel Carsten hat wegen 'ner Wette auch mal eine Spinne verspeist, hat sie einfach in sein Butterbrot gequetscht. Ich werde beim Papst beantragen, dass er auch heilig gesprochen wird. Heiliger Carsten, bitt für uns! – Außerdem glaube ich gar nicht, dass es hierzulande Giftspinnen gibt.«

Laetitia winkte ab. »Geschenkt! Es ist doch bloß eine alte Geschichte. Meinst du vielleicht, ich glaube an solche Storys? Die Heiligengeschichten sind sowieso alle erfunden.«

»Ich frage mich bloß, was die Grafen von Selbherr mit dem ollen Konrad am Hut haben. Gibt es da einen Zusammenhang?«

»So irgendwie jedenfalls.« Laetitia beugte sich zu der Holztafel und zeigte auf die Zeile. »Hier, siehst du? Sankt

Konrad, heil'ger Fürstensohn. Angeblich stammt dieser Konrad aus dem Fürstenhaus der Hohenzollern in Sigmaringen. Und vermutlich sind die Grafen von Selbherr über drei Ecken mit den Hohenzollern verwandt. Da haben sie sich irgendwann mal den heiligen Konrad zum Hauspatron ausgeguckt. Das ist alles.«

Daniel war ein wenig enttäuscht. Er hatte eine spannendere Geschichte erwartet, etwas mit Giftmischerei und heimtückischen Morden, in die Oma Meckys Familie verwickelt war. Er wischte den Gedanken aus. Es war nicht mehr Oma Meckys Familie, sie war ausgestoßen worden, sie hatte mit dieser Mischpoke nichts mehr zu schaffen. Das war gut so.

»Warum bist du eigentlich hier, Daniel?«

Wieder musste eine Ausrede her, dabei hätte Daniel diesem seltsamen Mädchen gern die Wahrheit gesagt. Er fühlte sich auf eine Weise, die er sich nicht erklären konnte, zu Laetitia hingezogen, als kenne er sie schon lange. War es nur die verblüffende Ähnlichkeit mit dem Mädchen auf dem Bild? »Ich bin auf der Durchreise«, sagte er wie beiläufig. »Ein Bekannter hatte mir von dem tollen Ried und dem schönen Schloss erzählt.« Er klopfte auf die Kamera. »Naturfilme sind mein Spezialgebiet. Der Abstecher hat sich wirklich gelohnt. Ich hab gehört, dass es hier in der Gegend noch so alte Sandkeller geben soll. Stimmt das tatsächlich?«

Laetitias Blick war auf einmal verhangen. Sie schien intensiv nachzudenken. Daniel hatte das Gefühl, dass sie ihm sein Gerede nicht glaubte. Er schämte sich. Und die

Frage bewegte ihn, ob es stimmte, dass sie im Schloss wohnte. Doch warum sollte sie ihm so etwas vorgaukeln? Es sei denn, sie trieb ein Spielchen mit ihm: Flunkergeschichte gegen Flunkergeschichte. Aber von wem hatte sie seinen Namen erfahren?

»Warum willst du denn die Sandkeller sehen?« Laetitia schaute Daniel ernst an. »Da gibt's nichts Besonderes.«

»Einfach nur so, pure Neugier. Ich weiß ja nicht mal, was ein Sandkeller ist. Aber das hört sich irgendwie spannend an. Wo kann ich denn diese Sandkeller finden?«

Laetitia fasste Daniel beim Arm. »Komm, ich zeige sie dir. Du wirst enttäuscht sein. Es sind einfach nur Löcher im Berg. Wir laufen quer durch den Wald, dann sind wir bald da. Es ist gar nicht weit.«

»Quer durch den Wald? Ich hab das Schild gelesen. Es ist doch verboten …«

Wieder stieß Laetitia das helle Kichern aus. »Dass du solch ein Angsthase bist! Dir tut schon niemand was an, ich bin ja bei dir. Und wilde Raubtiere gibt es auch nicht in unseren Wäldern. Die Hasen beißen nur, wenn du ihnen die Ostereier klauen willst. Nun komm schon!«

Daniel warf einen letzten Blick auf das himmelwärts gerichtete Gesicht des hölzernen Mannes. Ciao, du komischer Heiliger! Daniel stellte fest, dass der heilige Konrad schielte.

Laetitia zog die Kapellentür nicht hinter sich zu, sie ließ sie einen Spalt offen. Daniel fand das zwar merkwürdig, doch er machte sich weiter keine Gedanken. Als er ins Freie trat, blendete ihn das grelle Licht. Die Sonne stach.

Unwirklich erschien ihm der Wald. Zum Verwechseln alles, zum Verirren, zum Verwundern. Hänsel und Gretel verliefen sich im Wald … Solche Bäume hatte Daniel sich vorgestellt, als er klein war und die Mutter ihm aus dem Märchenbuch vorlas. In diesem Wald geschahen gewiss Wunder. Träumend wie ein Kind folgte Daniel dem Mädchen, bisweilen über Wurzeln und Fallholz stolpernd, schwer atmend in der schwülen Luft. Laetitia ging leichtfüßig, als schwebte sie.

Es war wirklich nicht weit. Daniel sah unter sich den See und das Schloss, er konnte sogar die Handwerker erkennen, die Bretter und Säcke zum Ostflügel schleppten. Gärtner, klein wie Spielzeugmännchen, bewegten sich zwischen Blumenbeeten. Das Glas der Gewächshäuser gleißte in den Sonnenstrahlen.

Dann erreichten sie einen Hohlweg, der abwärts anscheinend zwischen Schloss und See zum Weiler Aulenrith führte. Daniel wischte sich mit dem Hemdärmel den Schweiß aus dem Gesicht.

»Wir sind da«, sagte Laetitia.

Daniel ließ den Blick schweifen und entdeckte zuerst einmal gar nichts. Links und rechts steile Hänge mit Büschen und krummen Bäumchen. Erst als Laetitia auf die dunklen Löcher zeigte, erkannte er die zerbrochenen Türeinfassungen, an denen Reste von Holzverschlägen hingen. An jeder Hangseite waren drei Höhlenöffnungen. Dahinter Schwärze.

»Die Bauern haben damals die Kellerräume gebuddelt«, erklärte Laetitia. »Das war nicht schwer, es ist ja nur fester Sand. Den hat der Gletscher mitgebracht, den Sand. Felsbrocken und Sand und das Eis, das dann geschmolzen ist.«

»Wozu brauchten denn die Bauern solche Keller?«, fragte Daniel verwundert. »So weit weg von den Höfen!«

»Für ihren Apfelmost. Sie lagerten ihre Fässer in den Sandkellern, weil es da drinnen im Sommer schön kühl ist, so konnte der Most nicht verderben. Kühlhäuser und elektrischen Strom gab's ja damals noch nicht. Und weil es im Winter ziemlich warm ist in den Sandkellern, konnte der Most auch nicht gefrieren. Gut ausgedacht, findest du nicht?«

Aber Daniel fand das reichlich unpraktisch. »Wenn jemand Lust auf Most hatte, musste er den weiten Weg vom Dorf bis zum Sandkeller latschen?«

»Das war gut organisiert. Kinderarbeit. Noch vor dem Weg zur Schule in die Stadt musste eines der Kinder von jedem Hof mit einem großen Krug zum Sandkeller laufen, um die Tagesration zu holen. Meist gingen die Kinder gemeinsam.«

»Woher weißt du das alles?«

»Die älteren Leute erinnern sich daran.«

Daniel war nicht hier, um sich über den Mostbedarf der Familien aus dem alten Aulenrith zu informieren. Ihn beschäftigte die Frage, in welchem der sechs Sandkeller sich Mechthild und Alphonse zu ihren Liebesabenden getroffen hatten.

Laetitia nahm ihm die Antwort ab. Zielstrebig führte sie Daniel auf den oberen Sandkeller auf der linken Seite des Hohlwegs zu. »Schau mal hinein!« Warum hatte sie ausgerechnet diesen Keller ausgewählt?

Daniels Augen mussten sich erst an die Dunkelheit gewöhnen. Verwundert sah er dann, dass der Keller ausgedehnter als ein normales Zimmer war. Der Sand an den glatten Wänden schimmerte wie mit Silberkörnern gespickt. Ja, es war erfrischend kühl in diesem unterirdischen Raum. War dies das geheime Liebesversteck von Alphonse und Mechthild gewesen? Daniel glaubte es einfach. Er sah vor Augen, wie das Mädchen Mechthild die Decke ausbreitete. Vergeblich versuchte er, sich den jungen Franzosen vorzustellen. Wie groß war er? Sein Haar war schwarz, das stand im Tagebuch. Hatte er dunkle oder helle Augen? Aber Daniel war sich gewiss, dass er zärtlich zu seiner geliebten Freundin gewesen war.

Gestern Abend haben wir es getan. Den Satz aus dem Tagebuch hatte Daniel sich gut gemerkt. Hatten sie es in diesem Sandkeller zum ersten Mal getan? Konnten sie noch oft miteinander schlafen? Wann hatte Mechthild gespürt, dass sie schwanger war? Unwillkürlich stellten sich die Fragen ein, als Daniel die kühle Luft des Sandkellers atmete. So lange her, doch in Daniels Gedanken so nah. Plötzlich sehnte er sich nach den Eltern, besonders nach dem Vater, der hier gezeugt worden war. Mensch, Alfons, warum bist du so fern von mir? Kenia! Was tust du gerade? Denkst du vielleicht an mich? Daniel stellte sich vor, dass im Gesicht seines Vaters die Züge des jungen Franzosen zu erkennen wären. Oder sogar in seinem eigenen Gesicht? Es wurde doch gesagt, dass Kinder oft mehr Ähnlichkeiten mit den Großeltern hatten als mit den Eltern. Daniel dachte: Vielleicht war Alphonse damals genauso alt, wie ich es jetzt bin. *Once upon a time …* Ein Märchen ohne Happyend, das war doch eigentlich gegen die Spielregel.

Aufgewacht aus den Gedanken!

Daniel kratzte mit dem Daumennagel eine Linie in die sandige Wand. Er überlegte, ob er aus der Dunkelheit heraus das helle Rechteck der Türöffnung filmen sollte, aber dann erschien ihm das zu indiskret. Es war das Geheimnis der Liebenden gewesen, ein intimer Ort. Waren Alphonse und Mechthild hier von Konrad oder seinen Spitzeln überrascht worden? An diese schreckliche Szene wollte Daniel nicht denken.

Das Mädchen war nicht mehr da!

Wie konnte das möglich sein, dass Laetitia ganz plötzlich verschwunden war? Daniel stürzte hinaus auf den Hohlweg, schaute verständnislos nach rechts und links, rief auch Laetitias Namen. Das Mädchen im malvenfarbenen Kleid war nicht mehr da.

Daniel wähnte sich in einem Albtraum. Menschen lösen sich nicht in Luft auf. Die Sonnenstrahlen, die durch die Buchenwipfel blitzten, blendeten ihn, als er zum Waldrand hastete. »Laetitia! Hast du dich versteckt?« Keine Antwort. Nur das Echo seiner Stimme kam gedämpft vom Ende des Hohlwegs zurück.

Die Zweige schienen zu kreisen. Daniel fühlte sich wie ein Betrunkener. Er presste die Kameratasche an sich und taumelte durch das knöcheltiefe trockene Laub. Irgendetwas hatte die Erinnerung durcheinander gewirbelt. Mühsam fand er die Reihenfolge wieder: die Kapelle, das Mädchen, der heilige Konrad, die Sandkeller. Es hatte beim Krausen Kreuz begonnen, wo einmal der Galgen gestanden hatte. War der Ort verflucht oder verhext? Lächerlich!

Sonnenstich, dachte Daniel, ganz eindeutig Sonnenstich. Aber warum befinde ich mich jetzt in diesem Wald? Cool, Junge, cool! Bergab, einfach bergab laufen, dann musste er wieder den Weg erreichen, auf dem ihm die Reiterin begegnet war. Daniel schrie auf vor Schreck, als etwas Dunkles aus dem Dickicht brach und in hohen Sätzen zur Fichtenschonung preschte. Dann das erleichterte Durchatmen: Es war nur ein Reh. Aber die rätselhafte Erinnerungslücke setzte ihm weiter zu. Wie, zum Teufel, war er in diesen Wald geraten? Wer oder was narrte ihn, trickste ihn mit Gaukelbildern aus?

Das plötzliche Prasseln in den Baumkronen hörte sich wie Hagel an. Ungläubig starrte Daniel in die Höhe. Da war es wieder! Doch dieses Mal hatte er auch den Schuss gehört. Panische Angst überkam ihn, sein Gehirn schrillte Alarm. Er begriff entsetzt, dass die Schüsse ihm galten. Das Begreifen lähmte ihn für Sekunden, machte ihn fassungslos, doch dann erwachten jäh die Lebensgeister. Nur weg! Daniel schlitterte, stolperte, stürzte im Slalom zwischen dicken Baumstämmen den Hang hinunter. Wieder fiel hinter ihm ein Schuss, Schrotkugeln klatschten. War das Wirklichkeit oder nur ein Horrorfilm?

Den Mann, der hinter einem Holzstapel hervorsprang, sah Daniel zu spät. Etwas Hartes knallte in sein Gesicht. Daniel sah Sterne, die irgendwo hinter seinen Augen explodierten, und wollte es nicht glauben. Dann wurde es stockfinster. Den Fall spürte er nicht mehr, aber das Gelächter nahm er wahr.

»So, Bürschle, jetzt haben wir dich im Sack!«

Wie lange er weggetreten war, wusste Daniel später nicht. Undeutlich fühlte er, dass er bei den Armen gepackt und weggeschleift wurde. Es mussten zwei Männer sein. Sie redeten miteinander, laut, dröhnend, da zuckten Schmerzstiche durch Daniels Hirn. Er hörte nur die Stimmen, die Worte verstand er nicht. Dann lag er auf der Ladefläche eines offenen Wagens, der durch holpriges Gelände fuhr. Ihm war kotzschlecht. Süßliches Blut klebte an den Lippen. Meine Kamera!, dachte Daniel.

DAS VERHÖR

Sie hatten Daniel in einen Gartensessel aus Holzlatten und mit Armlehnen gedrückt. Die beiden Forstmänner in grünen Hemden und ledernen Kniebundhosen, die Daniel hergebracht hatten, standen stramm wie Wachtposten an der Wand, der Graubärtige hielt eine doppelläufige Flinte im Arm, der andere war noch ziemlich jung und zeigte feixend die Zähne. Auf einem Schreibtischstuhl saß ein schlanker Mann mit übergeschlagenen Beinen, den hielt Daniel spontan für einen Rechtsanwalt. Seine Designerbrille war leicht getönt, die Kurzhaarfrisur war modisch gegelt, der helle Sommeranzug war lässig geschnitten. Außerdem befand sich Konrad Graf von Selbherr junior im Raum. Er trug dieses Mal keine Reithose und keine Stiefel, sondern eine karierte Golfhose und blaue Segeltuchschuhe. Die Reitgerte allerdings hatte er bei sich.

Es musste ein Büro der Forstverwaltung sein, darauf ließen die rau verputzten Wände mit den Fachwerkbalken und die dunkle Holzdecke schließen. Die Schreibtische waren mit EDV-Geräten, Computern und Überwachungs-Monitoren voll gestellt. Daniel wusste ja: *Uns entgeht nichts.* Internet und Lederhosen: Daniel hätte das vermutlich witzig gefunden, wenn der Schmerz in seinem Schädel nicht so geschrillt hätte.

»Jetzt bin ich gespannt, was für ein Ammenmärchen Sie uns heute erzählen wollen, junger Mann.« Von Selbherr marschierte ein paar Schritte im Zimmer umher und tippte dann mit der Gerte auf Daniels Kopf. »Bemerkenswert, Ihre Märchenstündchen, wirklich bemerkenswert. Sie sollten eine eigene Fernsehshow bekommen. – Also, ich höre!«

Daniel wusste nicht, was er antworten sollte. In diesem Augenblick war er sprachlos, überfordert, leer im Gehirn. Das lag nicht nur am Brummschädel und an der schwülen Hitze des Tages. Ihm war längst bewusst, dass er zu leichtfertig herumgeflunkert hatte, nicht ahnend, dass die Leute sklavenbrav alle Informationen ans Schloss weiterleiten würden. Er unterstellte ihnen keine hinterhältigen Absichten, sie waren es wohl nicht anders gewohnt, sie waren ja abhängig. Daniel machte sich keine Illusionen: Jetzt saß er in der Falle.

Zeit gewinnen! Ausflüchte erfinden! Ablenken! »Es ist auf mich geschossen worden, ich wurde brutal niedergeschlagen. Strafanzeige werde ich erstatten wegen schwerer Körperverletzung.« Daniel fasste sich ins Gesicht und hielt die blutverschmierten Finger hoch. »Hier! Sehen Sie das?«

Daniels Wutausbruch schien den Grafen zu amüsieren. »Was sagen Sie dazu, Dr. Weithaupt?«

Der Anwalt schüttelte nur leicht den Kopf, als wollte er andeuten, dass er diese Idee für absurd hielt. »Strafanzeige? Das würde ich mir dreimal überlegen. Man sollte keine Eigentore schießen. Wir hätten nämlich unsererseits allen Grund, Anzeige zu erstatten. Da kommen einige Delikte zusammen, die einen Staatsanwalt gar nicht fröhlich stimmen.«

»Aber die Schüsse!«, begehrte Daniel auf. »Das war lebensgefährlich, was mir da im Wald ...«

»Unsinn!« Der bärtige Forstmann unterbrach Daniel barsch. »Warnschüsse in die Luft. Das machen wir immer so, wenn wir Wilddiebe oder Fallensteller ertappen. Wer sich außerhalb der gekennzeichneten Wege im Wald aufhält, der macht sich verdächtig. Wir haben doch die Warnschilder nicht für die Katz aufgestellt.«

»Genau!«, bestätigte der Feixer. »Und als sich das Bürschle aus dem Staub machen wollte, da hab ich ihm eins mit dem Knauf vom Hirschfänger auf die Gosche gegeben.« Er klopfte mit der Hand auf das Jagdmesser, das in der Scheide an seiner Lederhose steckte. »Reiner Selbstschutz. Er hat mich ja tätlich angegriffen, der Flüchtige.«

Arschgeige!, wollte Daniel schreien. Das ist eine gottverdammte Lüge! Aber ein Wutausbruch war sinnlos, denn dies war ganz klar ein abgekartetes Spiel. Hier wurde er vorgeführt. Wahrscheinlich hatten ihn die beiden Forstleute schon seit dem Morgen heimlich verfolgt.

Und außerdem: Was galt seine Aussage gegen die eines Forstbeamten! Also winkte Daniel nur müde ab.

»Er hat unerlaubte Filmaufnahmen auf Privatbesitz gemacht.« Der Bärtige zeigte auf die Kameratasche, die neben ihm auf dem Fußboden lag.

Das sah Daniel erst jetzt. Er atmete erleichtert auf. Sie hatten die Kamera also mitgenommen. Jetzt hoffte er inständig, dass sie die Finger von den Kassetten ließen. »Naturaufnahmen, nur Naturaufnahmen.«

»Was Sie nicht sagen, Herr Michels!« Von Selbherr lachte spöttisch. »Und in der Konradskapelle haben Sie auch Naturaufnahmen gemacht? Dafür haben Sie sogar das Türschloss aufgebrochen. Oder wie sehe ich das?«

Der Hohn des Juniorgrafen trieb ihm die Zornestränen in die Augen. »Wieso behaupten Sie das? Das ist doch Quatsch! Ich habe das Schloss nicht aufgebrochen. Das Mädchen hat die Tür geöffnet und mir die Geschichte vom heiligen Konrad erzählt. Die Sache mit der Giftspinne und so.«

»Das Mädchen?« Von Selbherr grinste belustigt. »Das wird ja immer kurioser. Was für ein Mädchen, wenn ich mal fragen darf?«

»Laetitia. Sie heißt Laetitia. Und sie wohnt doch im Schloss.«

Die Männer reagierten mit wieherndem Stammtischgelächter und hatten ihren Spaß. Nur der Anwalt blieb gelassen.

»Laetitia, hm.« Von Selbherr nickte feierlich. »Schöner Name. Aber zu meinem Bedauern muss ich Ihnen mitteilen, dass in unserem Schloss kein einziges Mädchen wohnt, schon gar keine Laetitia. Dumm gelaufen, wie?«

Der jüngere Forstmann konnte sich kaum beruhigen. »In der ganzen Gegend hier gibt's kein Mädchen mit so 'nem ausgeflippten Namen. Was du für einen Scheiß schwätzt, Bürschle!«

Wenn nur das Klopfen im Kopf nicht wäre. Ich darf mich nicht einschüchtern lassen!, redete Daniel sich zu. Es konnte doch nicht sein, dass die Erschöpfung und die Schwüle ihm Trugbilder vorgegaukelt hatten. An Spuk und Spinnerei glaubte er nicht. Nein, keine Halluzinationen. Laetitia war zum Greifen nah gewesen, er hatte ihre klingende Stimme noch im Ohr. »Kommen Sie sich nicht albern vor, dass Sie mich so verarschen?«, knurrte Daniel. Die Wunde auf seiner Backe brannte höllisch, da floss auch wieder Blut. »Ich habe Laetitia bei der Kapelle getroffen, dann hat sie mich durch den Wald zu den alten Sandkellern geführt. Sie hat mir gezeigt, wo die Bauern früher die Mostfässer gelagert haben. Und als das Mädchen dann weg war, da hab ich im Wald die Orientierung verloren. Kann ja wohl passieren, oder?«

Wieder das aggressive Wippen mit der Reitgerte. »Nein«, sagte der Graf hart, »das kann nicht passieren. Die Sandkeller sind schon vor Jahrzehnten eingefallen, die Hänge wurden begradigt, von den ehemaligen Sandkellern ist keine Spur mehr zu erkennen. Sind Sie ein Psychopath? Ihre Fantasie scheint krankhaft zu sein, Daniel Michels.«

»Aber jetzt hockt Daniel in der Löwengrube«, gluckste der Feixer, »jetzt hat's ihn erwischt. Kennst du die Geschichte aus der Bibel, Bürschle? Daniel in der Löwengrube. Keine Chance zum Ausreißen, kapiert?«

Selbstverständlich kannte er die Geschichte vom Propheten Daniel, den sie in eine Löwengrube geworfen hatten. »Der Witz ist bloß, dass die Löwen ihm nix getan haben. Brav wie kleine Hündchen waren die. – Sie können mir keine Angst einjagen, Sie komischer Oberforstrat.«

Der Mann im Grünhemd holte aus, aber zum Schlagen kam er nicht, denn die Tür ging auf. Die Frau kam herein, sie trug wieder die weißen Shorts. Die Männer schwiegen. Die Frau hatte eine Schüssel mit Wasser, ein Tuch und einen kleinen Verbandskasten bei sich. Es versetzte Daniel in großes Erstaunen, dass sie wortlos und als sei dies das Selbstverständlichste der Welt begann, sein Gesicht zu reinigen. Sanft, fast zärtlich war die Berührung. Als sie seinen Kopf leicht zur Seite drückte, fiel Daniels Blick auf die Monitore. Er sah Leute bei der Arbeit im Treibhaus, Passagen des Rokokogartens, die Zufahrten zum Schloss, den See und die Brücke beim Ried, die Dorfstraße … Alles im Blick. *Uns entgeht nichts.*

Als die Frau ein breites Pflaster auf den Hautriss am Wangenknochen klebte, erhaschte Daniel für den Bruchteil einer Sekunde ihren Blick. Die traurigen Augen! Daniel wurde aus dieser Frau nicht klug. War Frau von Selbherr ein Fremdkörper in der Schlossclique? Sie trocknete Daniels Gesicht und verließ den Raum wieder. Das ging so schnell, dass Daniel nicht dazu kam, sich zu bedanken.

War das vielleicht auch eine Halluzination gewesen? Daniel betastete das Pflaster. Also kein Traum.

»So!« Von Selbherrs Stimme hatte sich verändert, sie war auf einmal emotionslos und sachlich. »Das Vorgeplänkel ist beendet. Jetzt kommen wir mal zur Sache.« Er zielte mit der Gerte auf Daniels Brust. »Wer sind Sie und was wollen Sie wirklich?«

Daniel wusste ja inzwischen, dass er zu leichtfertig herumschwadroniert hatte. Vom gräflichen Kontrollsystem hatte er nichts geahnt. Woher auch! Darum antwortete er ziemlich matt: »Ich habe Sie doch über mein Filmprojekt ausführlich informiert. Die Recherche nach geeigneten Drehorten ...«

Von Selbherr knallte mit der Gerte auf die Sessellehne. »Ja, ja, Ihr Filmprojekt. Schluss mit dem Kasperletheater. Fakt ist, dass niemand in der Kölner Filmschule jemals den Namen Daniel Michels gehört hat. Widersprechen Sie erst gar nicht, ich habe nachforschen lassen. Und jetzt fasse ich mal zusammen: Sie haben behauptet, nach einem passenden Moorgebiet für Aufnahmen zu einem Gruselstreifen zu suchen. Aber dann ging es auf einmal um Nachforschungen über ausländische Kriegsgefangene, die auf schwäbischen Bauernhöfen gearbeitet haben. Und eine dritte Variante hatten Sie auch noch im Angebot, da missbrauchten Sie sogar empörenderweise die Namen Goethe und Schiller. Reichlich viel auf einmal für so ein dünnes Kerlchen wie Sie.«

»Ich kann das erklären!« Natürlich konnte Daniel das nicht erklären. Er wollte bloß irgendetwas sagen, weil ihn die großkotzige Show des Grafen nervte. Der Zyniker machte sich doch einen Jux daraus, ihn auf kleiner Flamme langsam zu braten.

»Halten Sie den Mund! Jetzt rede ich.« Der Graf zog ein Zigarillo aus der Brusttasche der Tweedjacke, zündete es an und paffte Rauchkringel. »Schon recht ominös, dass Sie sich nicht entscheiden konnten, ob Sie auf der Durchreise waren oder ob Sie eigens einen aufwändigen Trip aus dem Ruhrgebiet unternommen hatten. Ziemlich unbegabter Lügner, wie? Das Wort Ruhrgebiet weckte übrigens sofort meinen Verdacht, aber das kommt noch.« Von Selbherr trat dicht an Daniel heran, als wollte er ihn schlagen. »Dass Sie unter Vortäuschung falscher Tatsachen versucht haben, mein Vertrauen zu erschleichen, nehme ich Ihnen persönlich übel, Sie Schleimer!«

Am liebsten hätte Daniel jetzt gebrüllt: Soll ich mal aufzählen, was ich dir und deinem beschissenen Klan alles persönlich übel nehme, Graf Rotz? Wie schade, dass ich dir nicht die Giftspinne vom heiligen Konrad ins Maul stecken kann! Hau die Eulen raus aus eurem Familienwappen und pack stattdessen Giftspinnen rein, die passen besser zu euch. Doch er sagte lieber: »Aber ein bisschen TV-Reklame für Ihr Schloss wäre Ihnen ganz angenehm gewesen, wo Sie doch die großartige Spaßklinik mit Moorbädern planen.« Daniel staunte über seinen Mut. Er fand, dass er gut gekontert hatte.

»Die kessen Sprüche werden Ihnen noch vergehen!«, fauchte von Selbherr. »Mit mir treibt man keine Scherze – nicht mit mir. Wer sich mit mir anlegt …« Er brach ab und schaute den Rauchschlieren nach, die zur hohen Decke quirlten.

Der Forstmann mit der Flinte mischte sich ein. »Er hat unbefugt das Schlossgelände betreten, das ist strafbar.«

»Zuwiderhandelnde werden belangt, ich weiß.« Daniel fasste sich an die geschwollene Backe, in der der Schmerz pochte. »Dafür wird man mich doch wohl nicht foltern lassen im Schlosskerker. Die Zeiten sind vorbei.«

»Klugscheißerle!«, zischte der Feixer böse.

Der Anwalt sagte kühl: »Hausfriedensbruch ist ein Delikt und kann nach Paragraf …«

Von Selbherr ließ ihn nicht ausreden. »Das Autokennzeichen, Herr Michels oder wie immer Sie heißen, das machte Sie von vornherein verdächtig. Essener Autonummer. Ich glaube nicht an Zufälle. Ich habe die Polizei angewiesen, das Kennzeichen zu überprüfen und den Namen des Eigentümers des Wagens zu ermitteln.«

Ätzend! Daniel konnte es kaum glauben. Die Zeiten waren doch nicht vorbei, hier schien die Zeit stehen geblieben zu sein. Hatte Herr Deubel es nicht angedeutet? Nicht zu fassen: *Ich habe die Polizei angewiesen.* Durchlaucht pfeift und die Bullen parieren wie Laufburschen.

Von Selbherr genoss sichtlich das Katz-und-Maus-Spiel. Erst einmal rauchte er genüsslich, dann sagte er wie angelegentlich: »Der Wagen ist auf den Namen Mechthild Selbherr zugelassen. Was sagt man denn dazu? Was meinen Sie, Herr – Michels?«

Okay, jetzt war der Name gefallen. Daniel hatte die

ganze Zeit darauf gewartet, er war vorbereitet. Den Satz, den er sich im Kopf zurechtgelegt hatte, konnte er nicht mehr sagen, denn die Tür flog auf und drei plappernde junge Frauen stürmten herein und verstummten verblüfft, als sie die Männergesellschaft da mit dem fremden jungen Mann erblickten. Die Schulterklappen auf ihren Hemden deuteten diskret etwas Uniformartiges an. Klar, Forstverwaltung. Daniel nahm an, dass sie gerade ihre Mittagspause draußen im Park verbracht hatten.

»Wir machen in meinem Büro weiter«, entschied von Selbherr. Er zeigte mit dem Zigarillo auf die beiden Forstmänner. »Los, bringt ihn rüber!«

Daniel wurde hochgezerrt und spürte den Flintenkolben im Rücken. Die Frauen gafften Daniel an, als wäre ihnen ein Monster aus dem Weltall erschienen.

Daniel schluckte schwer. Die Zunge klebte am Gaumen. Jetzt ein kühles Bier!, wünschte er. Die Männer in den Lederhosen stießen ihn vor sich her.

Daniel war geistesgegenwärtig genug gewesen, um sich die Kameratasche zu greifen.

DANIEL TRICKST

Der eine Hund lag links neben dem Chromstahlschreibtisch, der andere rechts, geradezu dekorativ. Nur am leisen Hecheln war zu erkennen, dass sie wirklich Schäferhunde waren und keine Kunstobjekte. Welcher ist Wotan, welcher ist Thor?, fragte sich Daniel, obwohl das doch völlig gleichgültig war.

Der Büroraum war funktionell und schmucklos eingerichtet: Aktenschränke, Hängeregistraturen, Gegensprechanlage, PC, Tresor, Deckenstrahler. Nichts von dem kitschigen Pomp des Jagdzimmers im Schloss. Von Selbherr setzte sich in den Drehsessel hinter dem Schreibtisch, der Anwalt zog sich einen Stuhl aus der Besuchersitzgruppe heran. Die Forstmänner standen wieder stramm wie Soldaten und flankierten Daniel.

Demütigend! Daniel fühlte die Wut im Kopf und im Bauch. Wie ein armer Sünder vor dem Richter musste er hier stehen. Der Graf, Hohn und Überheblichkeit im Gesicht, schien die Inszenierung zu dirigieren. Er legte den

Zigarillostummel in den Aschenbecher und musterte Daniel von unten bis oben.

»Meine Frage ist noch nicht beantwortet. Wer sind Sie?«

Daniel ging auf das Spiel ein. Sein Zorn war inzwischen stärker als seine Angst. »Wenn Ihnen der Name Daniel Michels nicht gefällt, können Sie sich ja einen anderen aussuchen. Wie wär's mit Kaspar Hauser?«

»Ach, Sie mimen den Komiker? Ich will Ihren Personalausweis sehen.«

»Dazu haben Sie überhaupt kein Recht.«

Dr. Weithaupt schaltete sich ein. »Aber die Forstbeamten können verlangen, dass Sie sich identifizieren. Sie haben in ihrem Dienstbereich gewisse Polizeirechte. Also zeigen Sie schon Ihren Ausweis!«

»Den hab ich nicht dabei.«

»Ihr Führerschein tut's auch.«

Von Selbherr schlug mit beiden Handflächen auf die Schreibtischplatte. »Schluss jetzt mit dem Heckmeck! Ich bin über Ihre Identität längst informiert, junger Mann.« Er hob einen Zettel hoch. »Das wurde uns aus Essen gefaxt. Sie sind unter der Adresse von Frau Mechthild Selbherr gemeldet. Ihre Eltern leben zurzeit im Ausland. Ihr Name ist Daniel Selbherr. – Irgendwelche Widersprüche?«

Das war nicht zu fassen! Das Spinnennetz reichte also bis ins Ruhrgebiet. Daniel stöhnte innerlich: Sankt Konrad, bitt für uns! Jetzt begriff er auch, warum der Anwalt anwesend war. Cool, Mann, cool! »Okay, jetzt wissen Sie's ja.«

Graf junior legte die Hände zusammen. »Und nun kombiniere ich mal. Die alte Frau hat Sie geschickt. Bisschen rumspionieren, wie? Ich vermute, die alte Frau unterhält noch Kontakte zu irgendjemandem hier in der Gegend und da hat sie erfahren, dass wir unter Nutzung der Heilkraft des Moores ein großes Kurklinikprojekt in Angriff nehmen. Und was kam ihr dann in den Sinn? Ei der Daus, hat sie sich gedacht, wenn das Ried solch eine Goldgrube ist, dann kann ich für mich und meine Brut doch auch ein Stück von dem Kuchen abschneiden. Aber da hat sie sich in den Finger geschnitten. Ich habe extra Dr. Weithaupt kommen lassen, damit irgendwelche Illusionen von vornherein vom Tisch gefegt werden.« Er nickte dem Anwalt auffordernd zu.

Der lächelte gelassen. »Wir haben in unserer Kanzlei die alten Erbverträge noch einmal gründlich überprüft. Die sind wasserdicht, will ich mal sagen. Frau Mechthild Selbherr hat über die Apanage hinaus keinerlei rechtliche Ansprüche. Und da füge ich ganz persönlich hinzu, dass diese monatlichen Zahlungen mehr als großzügig sind, sie haben den Pflichterbteil längst überschritten.«

In Daniels Gehirn rotierten die Gedanken. Man macht sich also doch Sorgen, warum wäre sonst ein Anwalt anwesend. Vielleicht waren die alten Verträge, die Oma Meckys Ansprüche regelten, gar nicht so wasserdicht. Aber das interessierte Daniel nicht. Er schaute in die verständnislosen Gesichter der Forstmänner. Sie hatten natürlich keine Ahnung, wovon hier die Rede war. Was sollten sie auch mit dem Namen Mechthild Selbherr anfangen!

Daniel sagte kühl: »Sorry, meine Herren, ich muss Sie enttäuschen. Sie sind auf dem Holzweg. Meine Großmutter weiß nichts von meiner Reise nach Aulenrith.«

Absolute Stille auf einmal. Von Selbherr starrte Daniel ungläubig an, der Anwalt hatte die Lippen zusammengekniffen. Sie hatten sozusagen den großen Hammer geschwungen, aber der Schlag ging ins Leere. Daniel glaubte so etwas wie Enttäuschung zu erkennen.

Doch plötzlich fuhr der Graf heftig auf. »Jetzt ist mir alles klar. Ich weiß, wer Sie geschickt hat. Der Bastard!«

Bastard? Was sollte das heißen? Daniel brauchte mehrere Sekunden, bis es klick machte in seinem Kopf. Er explodierte, wollte sich auf den Mann hinter dem Schreibtisch stürzen, wollte ihm an die Gurgel. Doch da haute ihm der Bärtige brutal den Flintenlauf vor den Bauch, der Feixer riss an seinen Haaren. Die Hunde waren aufgesprungen und fletschten die Zähne. Daniel war außer sich. Dass der Scheißgraf es wagte, seinen Vater zu beleidigen!

»Mein Vater«, keuchte Daniel, »mein Vater weiß auch nicht, dass ich hier bin. Als ob der sich am degenerierten Landadel die Finger schmutzig machen würde! Der pfeift doch auf Sie und Ihren großkapitalistischen Käse. Die Bauern von den Höfen vertreiben! Kriegen Sie das eigentlich mit Ihrem Gewissen geregelt, falls Sie eins haben?«

Von Selbherr schien die Fassung zu verlieren, die Gesichtszüge verhärteten sich. Es sah aus, als wollte er die Reitgerte zerbrechen. Doch dann beherrschte er sich.

»Glauben Sie bloß nicht, junger Mann, dass Sie mich mit Ihren Unverschämtheiten provozieren könnten.«

Weil er jetzt richtig in Fahrt war und weil ihm allmählich bewusst wurde, wie grotesk die ganze Situation war, blaffte Daniel den Anwalt an: »Wie findet der Herr Jurist das eigentlich, dass ich hier gegen meinen Willen festgehalten werde? Ist das Freiheitsberaubung oder Nötigung oder was?«

Der Anwalt antwortete mit widerlich mildem Lächeln: »Sie werden doch gar nicht gegen Ihren Willen festgehalten. Sie werden lediglich ordnungsgemäß von der offiziellen Forstbehörde wegen Ihres – nun ja – seltsamen Verhaltens befragt. Es hat alles seine Richtigkeit.«

»Da darf ich doch wohl mal müde lächeln!«

»Das dürfen Sie später.« Der Graf lehnte sich im Drehsessel zurück. »Down!«, befahl er den Schäferhunden. Die gehorchten sofort. »Keine Ausflüchte mehr! Ich will endlich wissen, was Sie hier zu suchen haben.«

Das war der Augenblick für den endgültigen Bluff. Er hatte sich so viele Geschichten ausgedacht, nun musste Daniel eine Geschichte erzählen, die dem selbstgerechten Grafen an die Nerven gehen würde, und er wusste auch schon, welche.

»Was ich hier zu suchen habe? Inspirationen. Ich suche Inspirationen. Jetzt kann ich's ja ruhig verraten, weil meine Suche ziemlich erfolgreich war.«

»Kommen Sie zur Sache!«, forderte von Selbherr. »Aber quatschen Sie bloß nicht wieder eine Münchhausenstory. Meine Geduld hat Grenzen.«

»Ich weiß.« Daniel zeigte auf seine verletzte Wange. »Ihre Sheriffs haben's mich ja unzweideutig spüren lassen. – Wie gesagt, ich war auf Inspirationen aus. Zugegeben: auch auf Informationen. Die habe ich ja auch bekommen. Wir planen einen Liebesfilm.«

Der Feixer kicherte wie ein Verhaltensgestörter. »So mit nackerten Weibern und Bumsen und so?«

Daniel beachtete ihn nicht. »Es wird ein Liebesfilm mit tragischem Ende. Aber wir kommen mit dem Drehbuch nicht so richtig weiter. Darum hat mich die Film-AG unserer Schule hergeschickt, damit ich ein bisschen recherchiere und landschaftliche Stimmung und Ambiente einer Moorlandschaft schnuppere. Inspirationen eben. Unsere Geschichte handelt nämlich unter anderem von Torfstechern. Entschuldigen Sie, dass ich ein bisschen geflunkert habe. Reine Tarnung, verstehen Sie? Wer verrät schon gerne Filmideen!«

Beinahe lauernd schaute der junge Graf Daniel an. »Und für Ihr Geschnupper kommen Sie eigens hierher? Freundchen, was führen Sie wirklich im Schilde?«

»Das Aulenwalder Ried hat nun mal einen ganz besonderen Ruf«, gab Daniel scheinheilig zu bedenken. »Meine Großmutter hat mir davon ziemlich viel vorgeschwärmt. Und vom Schloss natürlich. In unserem Film kommt auch ein Schloss vor.«

»Sie glauben doch nicht im Ernst, dass Sie von mir die Genehmigung bekommen, auf meinem Grund und Boden einen Film zu drehen. Nach all dem Firlefanz!«

»Vergessen Sie's!« Daniel wollte überlegen lächeln,

doch das klappte nicht mit dem lädierten Gesicht. »Wir drehen im Teufelsmoor. Die Geschichte spielt kurz vor Kriegsende. Ein Mädchen aus einer Feudaldynastie verliebt sich in einen französischen Kriegsgefangenen. Die beiden Liebenden können sich nur heimlich treffen, weil die Nazis solch eine Liaison brutal bestrafen würden. Der junge Franzose, der im Torfstich arbeiten muss, und das junge Mädchen lieben sich aber sehr und da sind sie nicht vorsichtig genug. Es gibt einen Verräter. Der Bruder des Mädchens, ein Hitleranbeter, erfährt von der verbotenen Liebe. Kurz und gar nicht gut: Der Franzose muss eliminiert werden.« Das Wort *eliminieren* war Daniel sehr wichtig, denn es kam im Tagebuch vor. »Soll ich auch erzählen, was aus dem Mädchen wird?«

Das Gesicht des Juniorgrafen war wie versteinert. »Jetzt sind Sie einen Schritt zu weit gegangen. Eine einzige Anspielung in Ihrem Scheißfilm auf unsere Familie oder das Schloss, und Sie werden Ihres Lebens nicht mehr froh, Sie Schmutzfink!«

Der Anwalt hatte seine lässige Pose aufgegeben. Er sprang auf und blaffte Daniel an: »Wir würden Ihre Produktionsfirma mit einem Prozess wegen Verleumdung und Geschäftsschädigung überziehen, dass die Heide wackelt. So etwas geht in die Millionen, das kann ich Ihnen flüstern. Diese Warnung sollten Sie verflucht ernst nehmen. Solch ein Prozess würde Sie für immer ruinieren.«

»Ich sehe dem Prozess mit Wohlwollen entgegen.« Daniel zeigte die Zähne. Das Gefühlsdurcheinander machte ihn schwindlig. Angst, Triumph, Erleichterung, Hilflosigkeit, Wut, Abscheu. Rache!, dachte er. Rache! Aber was für eine armselige Rache war sein Bluff im Verhältnis zu dem, was man Alphonse und Mechthild angetan hatte. Cool, Mann, cool! Daniel sagte: »Der Name Selbherr wird sich im Filmabspann nicht vermeiden lassen. Immerhin bin ich der Regisseur.«

»Verschwinden Sie und lassen Sie sich hier nie wieder blicken, Sie mieser kleiner Trickser.« Konrad Graf von Selbherr zeigte zur Tür. Seine Stimme zitterte.

Zu Befehl, Euer Hochwohlgeboren, aber verlieren Sie nicht die Contenance. Und richten Sie Ihrem Herrn Vater meine Verehrung aus. Sankt Konrad möge Sie segnen! – Das wäre ein schönes Schlusswort gewesen, doch Daniel verkniff sich jegliche Bemerkung, weil er an den Augen der Hunde sah, dass die Biester nur auf die Aufforderung zur Attacke warteten. Also nahm er wortlos die Kameratasche und ging. Der Feixer begleitete ihn wie ein Gefängniswärter, der einen entlassenen Häftling zum Knasttor bringt.

Die geräumige Diele der Forstverwaltung war mit Staffeleien voll gestellt, auf denen Kartons mit Bauskizzen, Grundrisszeichnungen, Landschaftsplänen und Ansichtssimulationen das Großprojekt dokumentierten. Auch die Leuchtschrift war schon entworfen worden: *SCHLOSSKLINIK AM MOOR.*

Daniel spürte das brennende Verlangen, all die Schautafeln umzuwerfen.

Er sah in der Ferne den verwirrten Greis, der mit seinem Rollstuhl zwischen Kübeln mit weißem Oleander herumkurvte. Da wurde ihm bewusst, dass er keinen Hass empfand, sondern Ekel. Frau von Selbherr war nicht zu sehen.

Unter dem Torbogen stieß der Feixer Daniel die Faust in den Rücken. »Hast's ja gehört, Bürschle. Lass dich hier nie wieder blicken.«

Daniel zeigte den Stinkefinger. »Leck mich doch, du Depp!«

Daniel wusch sich am See vorsichtig das schmerzende Gesicht. Es war ihm gleichgültig, ob man ihn vom Schloss aus beobachtete. Insektenscharen fielen über ihn her. Von Südwesten her türmten sich finstere Wolken am Horizont auf. Bedrohlich fahles Licht lag über der Weite des Riedes. Daniel hatte es nicht durchwandert. Schade. Jetzt war es zu spät. Kein Blick mehr auf die Königskerzen. Daniel dachte: Das Ried ist so schön wie das Ende der Welt. Was er damit meinte, wusste er nicht genau. Laetitia ging ihm nicht aus dem Sinn. Gab es das Mädchen wirklich nicht oder hatten die Männer gelogen? Dass sie manchmal eine Krone trage, hatte Laetitia gesagt. *Im Moore, wo der Moorbach rinnt, trägt eine Krone das Königskind …* Die Königskerzen, der Reim aus dem Märchen: Daniel hatte den beunruhigenden Verdacht, dass die Grenze zwischen Traum und Wirklichkeit verwischt worden war. Die Ähnlichkeit mit dem Mädchen auf dem Bild, das malvenfarbene Kleid, die Kühle des Sandkellers: Daniel konnte sich doch genau erinnern. Spukte es etwa in dieser Landschaft am Moor? Hatten

Moorgeister ihn genarrt? Ich spinne, dachte Daniel, ganz klar, ich spinne. Dabei war er sich sicher, dass er den Sandkeller gesehen hatte. Solch konkrete Bilder spielt einem doch nicht die Fantasie vor!

Zurück zum Auto. Minutenlang ließ Daniel die Türen offen stehen, denn der Innenraum des Astra hatte sich aufgeheizt wie eine Sauna. Ein Tieflader mit Buchenstämmen auf dem Auflieger dröhnte vorbei. Daniel stieg in seinen Wagen und schaltete die Klimaanlage ein. *It's all over now, baby blue.* Nein, das musste jetzt nicht sein. Zu viel Symbolik. Daniel wechselte die Bob-Dylan-CD gegen uralte Beatles-Songs aus.

Das war's also. Daniel fuhr am Schloss vorbei und dachte intensiv an das Mädchen, das Oma Mecky einmal gewesen war. Zu Hause in unserem Schloss. Vergiss es, Mecky, denk nicht mehr daran!

Bald suhlt sich hier die Topmanagerclique in Schlammbädern und drischt Golfbälle über den geschorenen Rasen. Die Äcker und die Weiden gibt es dann nicht mehr – und die Bauernhöfe auch nicht. Nichts bleibt, wie es ist. Daniel sah, dass die Landvermesser noch immer bei der Arbeit waren. Die Fundamentreste des Speicherhäuschens, in dem die sechs Franzosen geschlafen hatten, würde man dann nur noch auf seinen Filmbildern sehen können.

Weit weg war erstes Wetterleuchten zu erkennen. Daniel nahm an, dass die Gewitterwolken über dem Schwarzwald hingen. Durch das offene Seitenfenster vernahm er das unruhige Brüllen der Kühe von der Dorfweide her.

Wirt Lehleitner fing ihn schon am Eingang vom Goldenen Lamm ab. »Tut mir Leid, Herr Michels, aber ich muss Sie leider auffordern, gleich morgen früh unseren Gasthof zu verlassen. Es ist mir wirklich peinlich, das können Sie mir glauben. Aber die Umbauarbeiten. Sie haben ja davon gehört.« Der Wirt betupfte mit einer Serviette sein Gesicht. »Grad hat's sich ergeben, dass die Maurer bereits morgen mit der Arbeit beginnen. Gewiss haben Sie Verständnis, dass unter diesen Umständen …«

Daniel winkte ab. »Machen Sie sich mal keinen Kopf. Die Sache hat sich von selbst erledigt. Ich reise bereits heute ab. Wenn Sie mir bitte die Rechnung schreiben würden. Ich packe nur noch schnell meine Sachen.« Daniel sah die Erleichterung in Herrn Lehleitners Gesicht.

Der Wirt deutete auf das Pflaster. »Haben Sie sich verletzt?«

Daniel fand die Frage ausgesprochen überflüssig. »Ich bin gegen einen harten Gegenstand gelaufen. Hat weiter nichts zu bedeuten.«

Im Zimmerchen drehte Daniel den Wasserhahn auf und stopfte seine Sachen in die Reisetasche. Erst als das Wasser eiskalt war, trank er hastig. Den faulen Zauber von den anrückenden Maurern glaubte er selbstverständlich nicht.

Die Gaststube war leer. Der Wirt stand hinter dem Tresen und spülte Biergläser. Zumindest tat er so. Die Rechnung lag bereit.

»Kann ich mit der EC-Karte zahlen?«, fragte Daniel.

»So modern sind wir noch nicht.« Der Wirt lächelte verlegen. »Es müsste schon Barzahlung sein.«

»Auch gut.« Daniel kramte Geldscheine aus der Brieftasche. »Ich hab's ziemlich passend.«

»Dann wünsche ich Ihnen eine gute Reise, Herr Michels. Sie sind uns alleweil wieder herzlich willkommen.«

»Judas!«, flüsterte Daniel. Er nahm das Wechselgeld. »Sie können dann beim Schloss die Erfolgsmeldung machen. Einen schönen Tag noch!«

Daniel hatte den Rand des Städtchens schon fast erreicht, da wendete er. Plötzlich hatte er den dringenden Wunsch, das Grab des unbekannten französischen Soldaten noch einmal zu besuchen. Eigentlich mochte er Abschiede nicht, aber dieser war ihm wichtig.

DIE WAHRHEIT IST ZUMUTBAR

Jemand hatte einen Wiesenblumenstrauß auf das Grab gelegt. Kornblumen, Margeriten, Kuckucksnelken, blühende Gräser und Mohn. Daniel wunderte sich. Requiescat in pace. Daniel konnte sich eine Existenz nach dem Tode, in welcher physischen oder transzendenten Form auch immer, nicht vorstellen. Vor der Erzeugung war nichts gewesen, nach dem finalen Abgang würde auch nichts sein, das war seine Überzeugung. Aber manchmal war er sich da nicht so sicher. Wie konnte man das Leben lieben, wenn man wusste, dass es – zack, aus – endlich war und danach nichts mehr kam? Er liebte das Leben. Voltaires Satz hing eingerahmt zu Hause über seinem Bett: *Zweifel ist zwar kein angenehmer geistiger Zustand, aber Gewissheit ist ein lächerlicher.* Und es war eben auch nicht gewiss, dass mit dem Tod endgültig das Licht ausgeht. Daniel sagte leise: »Wenn es irgendwo oder irgendwie einen Ort gibt, an dem du jetzt bist, dann ruhe in Frieden. Verdammt schade, Alphonse, dass wir uns nicht kennen lernen konnten, verdammt schade.« Daniel warf noch einen Blick auf den Marmorengel.

Die Regenfahrt auf dem Hinweg hatte ihm gereicht, darum wollte er keine Zeit verlieren. Die Gewitterwolken waren noch weit weg, im Norden schien der Himmel ziemlich klar zu sein. Daniel drosch den Astra über die Landstraßen. In den Dörfern gab es bisweilen Staus, weil Erntefahrzeuge unterwegs waren. Als er die Autobahn erreichte, war es hoher Nachmittag.

Der Verkehr floss ruhig. Daniel hörte Carlos Santana und summte mit. *Black magic woman.* Später schaltete er auf das Radio um, weil er die Nachrichten und die Verkehrsmeldungen hören wollte. Frankfurt mit all den Autobahnkreuzen lag vor ihm. Die Rushhour hatte begonnen. Er spürte leichte Nervosität, er war ja noch kein routinierter Fahrer. Doch mit dem zäh fließenden Verkehr, auf den er durch die Piepserdurchsagen der letzten halben Stunde vorgewarnt war, kam er ganz gut zurecht.

Die Waldbuckel des Taunus gleißten in den Sonnenstrahlen, die wie Spotlights durch die Wolkenlücken blitzten. Daniel sagte wieder und wieder den seltsamen Satz: *»O verlornes, vom Wind gekränktes Gespenst, kehre zurück!«* Es machte ihm nichts, dass er den Sinn nicht verstand. Der Klang faszinierte ihn. *Gekränkt:* Besonders dieses Wort beschäftigte ihn. Sie hatten ihn gekränkt mit der großen Lüge vom gefallenen Frontsoldaten. Diese Kränkung war der Grund für seine Reise gewesen. Doch inzwischen hatte Daniel erkannt, dass es eine barmherzige Lüge gewesen war. Die Erlebnisse der vergangenen Tage hatten bewirkt, dass er klarer dachte. Oma Mecky und die Eltern wollten ihn vor der schmutzigen Wahrheit bewahren. Also gut. Oder schlecht. Sie hatten es gut gemeint. Aber es war nicht gut.

Wahrheit kann nicht schmutzig sein, dachte Daniel, sie ist zumutbar. *Die Wahrheit ist zumutbar.* Daniel war von Ingeborg Bachmanns Aussage felsenfest überzeugt, doch nun war er bereit einzusehen, dass seine Meinung nur für ihn selber galt. Die kurze Geschichte der Liebe mit Alphonse gehörte ausschließlich Oma Mecky. So eine tiefe Traurigkeit kann man nicht anderen mitteilen. Hätte er niemals in diesem Tagebuch lesen dürfen? Welcher Vertrauensbruch wog schwerer?

Das gekränkte Gespenst Daniel kehrte zurück.

Beim Rasthof Urbacher Wald hinter Dierdorf machte er Halt. Er musste dringend pinkeln, tanken und etwas essen. Die flinke Frau am Buffet empfahl ihm warme Hähnchenbrust auf Rapunzel. Daniel war einverstanden, das hörte sich witzig an. Dann erkannte er, dass es sich bei Rapunzel um simplen Feldsalat handelte. Auch egal. Er nahm ein Baguettebrötchen und eine Flasche Apfelschorle dazu. Es gab genug freie Tische im Restaurant. Daniel nahm sich viel Zeit beim Essen. Er war nicht in Eile, niemand wartete auf ihn.

Vom Parkplatz aus rief er Bettina an. Sie freuten sich beide, ihre Stimmen zu hören. Mit Mette habe sie sich richtig angefreundet, sagte Bettina. Ja, das sei ihre dänische Zimmergenossin, die sie zuerst für geschwätzig gehalten habe. Der Kurs lasse sich auch gut an. Prima Lehrpersonal. Aber anstrengend sei es schon.

Unbewusst hatte Daniel vielleicht gehofft, dass Bettina in Manchester todunglücklich wäre, die Brocken schmeißen und vorzeitig nach Hause kommen würde. »Dann ist ja bei dir alles okay«, sagte er.

»Wo steckst du jetzt?«, fragte Bettina.

»Auf 'nem Autobahnparkplatz, irgendwo im Westerwald. Ich bin auf der Heimfahrt. Ahnenforschung beendet.«

»Und? War die Spurensuche erfolgreich?«

»Puh! Wie man's nimmt. Jedenfalls hab ich jetzt den Durchblick. Aber das ist 'ne lange Geschichte, die erzähle ich dir, wenn du zurück bist aus Old Albion.«

»Ist es denn eine gute Geschichte?«

»Nein«, sagte Daniel, »es ist eine böse Geschichte.«

»Aber deine durchlauchte Verwandtschaft hast du getroffen?«

Daniel lachte bitter. »Das kann man wohl sagen.«

»Ich muss Schluss machen. Wir haben gleich noch ein Literaturseminar. Charles Dickens. Fahr vorsichtig! Ich liebe dich.«

»Halt die Ohren steif, Tina! Ich hab so 'ne verdammte Sehnsucht nach dir. Irgendwie Scheiße, wenn man so allein ist. Ciao, bis bald!«

Daniel fühlte sich einsam und leer im Kopf. Mentaler Durchhänger. Die Erlebnisse der vergangenen Tage hatten ihn ausgepowert. Jetzt mach bloß nicht auf Selbstmitleid!, beschimpfte er sich. Cool, Mann, cool. Der Auftrag war doch erfüllt, Filmkassetten voll Beweismaterial hatte er im Gepäck, James Bond kehrte wieder einmal erfolgreich von einer gefahrvollen und abenteuerlichen Weltreise zurück. Aber das Bild stimmte nicht. 007 hatte am Schluss immer eine halb nackte Frau im Arm.

Es wurde kühl. Das Unwetter hatte sich anscheinend weit weg im Süden ausgetobt. Eine Weile schaute Daniel zu den Fahrbahnen hinüber. Das Dauergeräusch und die unscharfen Umrisse der vorbeihuschenden Fahrzeuge lullten ihn ein. Die einen brausten nach links, die anderen nach rechts: ein absurdes Theater. Wieder einmal dachte Daniel: Warum bleibt nicht jeder dort, wo er sich befindet? Wie viel ruhiger und friedlicher wäre die Welt, wenn die Leute nicht dauernd unterwegs wären! Aber dann fand er es albern, ausgerechnet jetzt und hier an der Autobahn den kleinen Amateurphilosophen zu spielen. Er musste auch weiterbrausen: nach rechts.

Am Leverkusener Kreuz wurde es noch einmal ein wenig eng, doch es war kein wirklicher Stau. Keine Stunde mehr bis nach Hause. Abendsonnenschein lag über dem Bredeneyer Wald. Die fetten Tauben, die in den Steinfugen vor dem Garagentor gepickt hatten, fuhren knatternd auf. Daniel hatte das Gefühl, von einer langen Reise heimzukehren, dabei waren es nur ein paar Tage gewesen.

Er ließ die Reisetasche auf den Teppich plumpsen und zog die Schuhe aus. Nur ein wenig entspannen, nur einige Minuten ruhig durchatmen. Daniel legte sich aufs Bett und starrte zur Zimmerdecke. Er nahm den leisen Wind wahr, der die Büsche vor dem Haus zum Tuscheln brachte, hörte das verschlafene Gurren der Tauben auf dem Dachfirst, fühlte wohlig die Dämmerung, die durch das Fenster zu fließen schien.

Als er dann aufschreckte, auf die Uhr schaute und feststellte, dass Mitternacht bereits vorüber war, wollte er es zuerst nicht glauben. Er hatte doch nicht geschlafen! Ihm war, als wären ihm einfach ein paar Stunden abhanden gekommen.

Daniel sprang auf. Er hatte den dringenden Wunsch, das Märchenbuch seiner Kindheit anzuschauen. Wenn er sich bloß noch erinnern könnte, in welcher Geschichte das Königskind am rinnenden Moorbach eine Krone trägt. Wenn er bloß noch mal einen Blick auf das Bild mit den herrlichen Königskerzen werfen könnte! Aber das Märchenbuch hatte er schon lange nicht mehr. Da waren nur noch die Erinnerungen daran …

Er holte die akustische Gitarre, hockte sich mit gekreuzten Beinen in Oma Meckys Lieblingssessel und spielte kleine Melodien, die ihm so einfielen. Dabei dachte er über einzelne Sätze nach, die ihm in den Sinn kamen. Habe ich Laetitia wirklich gesehen oder habe ich sie nur geträumt? – Dass das Wasser eines uralten getauten Gletschers noch immer im Ried vorhanden war! – Warum haben die Eltern mir kein Ticket geschickt, damit ich sie in Kenia besuche, wo ich doch Ferien habe? – Tina vergnügt sich beim Crashkurs und freundet sich mit Mette an und ich arme Sau bin hier ganz allein. –

Larigaudie ist wirklich ein schöner Name. – Wo treibt man eigentlich einen geeigneten Dackel auf? – *Frustra* ist adverbial und heißt vergeblich, und es ist frustrierend, wenn man vergeblich nach einem Märchenbuch sucht. – Die singende Grille ist mir viel sympathischer als die schuftende Ameise. – Warum heißt das Pummelchen Daniela? – Abendstern, alles bringst du wieder, was die schimmernde Morgenröte zerstreute. – Verdammt schade, Alphonse, dass wir uns nicht kennen lernen konnten, verdammt schade …

Dann kam die große Müdigkeit. Daniel legte die Gitarre weg und löschte die Lichter. Er ließ sich in tiefen Schlaf fallen und konnte sich am Mittag, als er aufwachte, nicht an Träume erinnern. Es war ein sehr heller Tag. Daniel duschte sehr heiß, drehte dann die Temperatur so weit hinunter, bis das Wasser kalt auf der Haut prickelte. Als er in den Spiegel schaute, grinste ihm ein Clownsgesicht entgegen. Der Jochbeinbogen hatte sich grüngelb-bläulich verfärbt, die Schwellung war zurückgegangen. Behutsam zog Daniel das Pflaster ab. Die Risswunde war verkrustet. Daniel dachte an die rätselhafte Frau von Selbherr und an die Sanftheit, mit der sie ihn berührt hatte.

Er fand Schinkenspeck im Kühlschrank und briet ihn in der Pfanne. Dann schlug er Eier auf und versuchte, eine Art Omelett herzustellen, doch das Ergebnis sah mehr nach missratenem Rührei aus. Das Brot im Klappfach war knochenhart und zeigte schon Spuren von Schimmel. Daniel warf es in den Abfalleimer. Er kochte extrastarken

Kaffee und schaltete im Radio die Dreizehn-Uhr-Nachrichten ein. Nach seinem späten Frühstück packte er die Reisetasche aus. Für den Besuch im Krankenhaus war es noch zu früh, also verplemperte Daniel ein bisschen Zeit.

Als er durch die Stadt fuhr, hatte er wieder die Vorstellung, lange verreist gewesen zu sein. Dass die Straßen sich nicht verändert hatten, war klar. Hatte er sich verändert in den Tagen am Aulenwalder Ried?

Daniel musste drei Ehrenrunden auf dem Klinikparkplatz drehen, bis endlich jemand eine Parklücke freimachte. Die meisten Leute trugen Blumensträuße vor sich her. Auf den Gedanken, Oma Mecky Blumen mitzubringen, war Daniel nicht gekommen, er hatte ja auch keine Erfahrung mit Krankenhäusern. Ob Oma Mecky sich an die Rosen im Rokokogarten erinnerte?

SCHLUSSPFIFF

Die Zimmertür stand einen Spaltbreit offen. Daniel klopfte und trat ein. Die alte Frau saß auf der Fensterbank und las.

»Hi, Mecky!«

»Daniel! So früh schon zurück von der Reise?« Oma Mecky klappte das Buch zu. »Junge, was hast du denn mit deinem Gesicht gemacht? Sieht ja schlimm aus!«

Daniel winkte lässig ab. »Ich bin 'ne Böschung runtergerutscht und volle Pulle gegen einen Baum. Ist aber alles wieder im grünen Bereich.«

»Wenn man auf dich nicht aufpasst!«

»O Mecky, das musst du gerade sagen.« Daniel deutete auf den geschienten Arm. »Tut's noch weh?«

»Kaum. Der Stationsarzt ist mit dem Heilungsprozess zufrieden. Er hat versprochen, dass ich zum Wochenende nach Hause kann. Die paar Tage halte ich's hier schon noch aus.«

»Ich weiß.« Daniel lächelte. »Da hast du doch schon

ganz andere Sachen ausgehalten.« Er dachte: Ich muss vorsichtig sein mit solchen Andeutungen.

»Nun erzähl schon!«, forderte Oma Mecky ungeduldig. »War die Suche erfolgreich? Hast du die richtigen Drehorte gefunden für euren Gruselfilm?«

»Kannst du alles vergessen«, sagte Daniel. »Es wird nix mit Spuk und Moorgeblubber und Geisterschloss und so. Ich habe eine völlig neue Idee. Wir drehen einen Streifen mit einem Dackel.«

»Mit einem Dackel? Hört sich ein bisschen verrückt an.«

»Das ist auch verrückt«, bestätigte Daniel. »Wir drehen in Köln auf der Domplatte. Alles aus der Dackelperspektive. Mit baumelnder Kamera und allerlei Zeitraffertricks. Wenn die Reisegruppen angewieselt kommen. Japaner und katholische Landfrauen und Schulklassen, verstehst du? Der Dackel kommentiert das alles aus seiner Dackelsicht. O-Töne dazwischen. Es kommt auf den richtigen Mix an. Da müssen wir natürlich einen ganz witzigen satirischen Text schreiben.«

»Und wie wollt ihr einen geeigneten Dackel auftreiben?«

»Gute Frage, Mecky. Vermutlich werden wir's mal im Internet versuchen. Mit dem Dackel steht und fällt das ganze Projekt. Ich hab da aber ein ziemlich gutes Gefühl. – Sag mal, wie ist denn so die Verpflegung hier?«

Bevor Oma Mecky antworten konnte, rief eine laute Männerstimme aus irgendeinem Nachbarzimmer: »Frau Selbherr, jetzt sind Sie an der Reihe!«

Oma Mecky rutschte von der Fensterbank. »Halt mir die Daumen, Junge! Ich nehme hier nämlich an einem Schachturnier teil.«

Typisch Mecky, dachte Daniel. Er strich mit dem Handrücken scheu über das faltige Vogelgesicht.

»Nanu!« Die alte Frau kicherte amüsiert. »Was ist denn mit dir los? Du bist ja auf einmal richtig sentimental. Willst du dir die Streicheleinheiten nicht lieber für Tina aufsparen?« Sie hatte es eilig.

»Setz sie alle schachmatt, Mecky!« Daniel wusste aus Erfahrung, dass seine Großmutter eine erstklassige Spielerin war.

Es gab kein Überlegen, kein Zögern, kein Zweifeln: Es war ein ganz plötzlicher Entschluss. Daniel raffte die belichteten Kassetten zusammen und stopfte sie in einen Plastikbeutel. Den trug er hinter das Haus und versenkte ihn in der Mülltonne. *Game over.* Er hatte begriffen, dass er die Filmbilder nicht brauchte. Sein Zorn – auf wen auch immer – war verraucht. Was blieb, waren Traurigkeit, Verachtung und die Erkenntnis, dass die Zeit alle Erinnerungen verblassen ließ. War das gut? War das schlecht? Es war eben so. Nur die ganz starken Bilder überdauerten die Zeit, die blieben im Gedächtnis haften, die ließen sich nicht auslöschen, die waren wie Wunden, die nie verheilten. Mechthild und Alphonse. Welche Bilder waren es wohl, die Oma Mecky das Leben lang begleiteten? Daniel war sich sicher, dass sie ohne die starke Erinnerung an die kurze Zeit des Glücks nicht hätte überleben können. Verdammt, verdammt, wie sehr er die alte Frau liebte! Er quälte sich mit der Frage, ob er wirklich ein Tabu gebrochen hatte, als er in ihre Lebensgeschichte eingedrungen war, über die sie schweigen wollte. Ihre Erinnerung gehörte nur ihr.

Wozu also brauchte Daniel einen Film, den er niemandem zeigen würde! Seine Reise in die Vergangenheit war beendet. Aber es war auch die Vergangenheit seines Vaters und damit seine eigene. Daniel versuchte sich zu rechtfertigen. Er trank Bier, das half aber nicht gegen den Wirrwarr in seinem Kopf.

Schlusspfiff. Das Spiel war aus. Unentschieden. Er würde sich damit abfinden. Ob sich die Unbefangenheit wieder einstellen würde, mit der er bisher in diesem Haus zusammen mit Oma Mecky gelebt hatte, wusste Daniel selbstverständlich nicht. Warum musste sie auch in ihrem Alter noch auf einem Rennrad durch die Wälder düsen! Ohne ihren Sturz hätte Daniel niemals das Tagebuch gelesen.

Scheinheilig, diese Verteidigung! Daniel schämte sich dieser unfairen Gedanken. Seine Reise zum Schloss am Moor war doch nicht vergeblich gewesen. Das, was er erfahren hatte, war wichtig für ihn. Wusste er nun mehr über sich selbst? Die Frage kam ihm zu pathetisch vor. Er strich sie aus.

Die Abendluft war würzig und warm. Daniel lag im Gras und schaute zu, wie der Mond wanderte. Unter den Rhododendronbüschen raschelte es. Ein Igel auf Mäusejagd wahrscheinlich. *Au clair de la lune.* Ob Bettina schon schlief? Als die Mondscheibe die Spitze der Tanne erreichte, ging Daniel ins Haus. Er wollte weiterlesen in dem Buch mit dem Engel auf dem Titelbild. Warum hatte der Wind das Gespenst gekränkt? Daniel war neugierig auf die Antwort.

Jo Pestum, 1936 im Ruhrgebiet geboren, unternahm lange Reisen und jobbte als Bauarbeiter, Barkeeper, Taucher und Trucker. Später arbeitete er als Karikaturist, Chefredakteur und Verlagslektor. Seit 1970 ist er freiberuflicher Schriftsteller und Filmautor, lebt im Münsterland und schreibt Romane, Kinderbücher, Lyrik, Kriminalromane, Drehbücher und Hörspiele.

Von Jo Pestum bereits u. a. bei Thienemann erschienen:

Tante Theas Tiger und andere Geschichten von Paul
Zugeschnappt – Ein Joker-Krimi
Aufgehetzt – Ein Joker-Krimi
Das schwarze Kloster
Büffelmädchen

Der Abdruck des Zitats auf S. 71 aus »Schau heimwärts, Engel« von Thomas Wolfe erfolgt mit freundlicher Genehmigung des Rowohlt Verlags, Reinbek.

Pestum, Jo:
Das Schloss am Moor
ISBN 3 522 17700 2

Einbandgestaltung: Niklas Schütte
Einbandtypografie: Michael Kimmerle
Schrift: Stempel Garamond und Crush
Satz: KCS GmbH, Buchholz/Hamburg
Reproduktion: immedia 23, Stuttgart
Druck und Bindung: Friedrich Pustet, Regensburg
© 2005 by Thienemann Verlag (Thienemann Verlag GmbH), Stuttgart/Wien
Printed in Germany. Alle Rechte vorbehalten.
5 4 3 2 1 * 05 06 07 08

Thienemann im Internet: www.thienemann.de

„Du bist außerhalb der Zeit.“

THIENEMANN

Jo Pestum

Das schwarze Kloster

ab 13 Jahren · 288 Seiten

ISBN 3 522 17598 0

Der junge Restaurator Elias Bronny erhält den Auftrag, in einem Kloster ein mittelalterliches Gemälde zu restaurieren. Doch schon bald stellt sich heraus, dass es sich dabei keineswegs um einen normalen Auftrag handelt: In Kloster Siebenblut geht nämlich einiges nicht mit rechten Dingen zu, und irgendwie wird Elias den Verdacht nicht los, dass das alles mit dem merkwürdigen Gemälde zusammenhängt …

Auf der Suche nach Kleiner Fuß

Jo Pestum
Büffelmädchen
ab 10 Jahren · 144 Seiten
ISBN 3 522 17633 2

Als ihr älterer Halbbruder Kleiner Fuß von ihrem Vater verstoßen wird und das Dorf verlassen muss, ist Yucca wütend und traurig zugleich. Was kann ihr Bruder denn dafür, dass er bei den Wettkämpfen der jungen Männer immer der Verlierer ist? Mutig macht sie sich allein auf den Weg, Kleiner Fuß ins Dorf zurückzuholen und ihm zu helfen, seine Ehre wiederherzustellen.